Paul Koetschau

Des Gregorios Thaumaturgos Dankrede an Origenes

Als Anhang : Der Brief des Origenes an Gregorios Thaumaturgos

Paul Koetschau

Des Gregorios Thaumaturgos Dankrede an Origenes
Als Anhang : Der Brief des Origenes an Gregorios Thaumaturgos

ISBN/EAN: 9783744627122

Hergestellt in Europa, USA, Kanada, Australien, Japan

Cover: Foto ©Thomas Meinert / pixelio.de

Weitere Bücher finden Sie auf **www.hansebooks.com**

Sammlung ausgewählter kirchen- und dogmengeschichtlicher
Quellenschriften
als Grundlage für Seminarübungen herausgegeben unter Leitung
von Professor D. G. Krüger.

Neuntes Heft.

Des

Gregorios Thaumaturgos

Dankrede an Origenes,

als Anhang

der Brief des Origenes an Gregorios Thaumaturgos.

Herausgegeben

von

Dr. phil. Paul Koetschau,

Gymnasiallehrer in Jena.

Freiburg i. B. und Leipzig 1894.
Akademische Verlagsbuchhandlung von J. C. B. Mohr
(Paul Siebeck).

Einleitung.

I.

Über den Stifter der pontischen Kirche und Bischof von Neokaisareia am Lykos (dem heutigen Niksâr am Kelkit-tschaï) Theodoros, später Gregorios genannt[1]) und mit dem Beinamen Thaumaturgos[2]) ausgezeichnet, ist leider nicht viel Sicheres überliefert. Die wichtigsten Nachrichten über seine Jugendzeit giebt uns Gregorios selbst in seiner an Origenes gerichteten Dank- und Abschiedsrede; dazu kommen einige Notizen bei Eusebios (h. e. VI 30, VII 14. 28, 1. 30, 2), Basileios (de spir. s. cap. 29 § 74; ep. 28, 1. 2. 204, 2. 207, 4. 210, 3. 5) und Hieronymus (de vir. ill. cap. 65 [fast wörtlich abgeschrieben von Suidas

---

[1]) Vgl. Hieron. de vir. ill. cap. 65. Aus Euseb. h. e. VI 30 geht zwar hervor, dafs er als Bischof Gregorios hiefs, aber nicht, dafs er erst als Bischof diesen Namen angenommen habe. Er hat ihn schon vorher geführt, wie die Anrede in dem Brief des Origenes an ihn beweist.

[2]) Dieser Beiname findet sich zuerst in dem (später vorgesetzten) Titel der von Gregor von Nyssa verfassten Lebensbeschreibung des Gregorios Th., von Gregor von Nyssa selbst und von Basileios wird er ‚ὁ μέγας, ὁ πάνυ, ὁ θαυμαστός‘ genannt. Der Name Θαυματουργός liefs sich aus dem Βίος (vgl. ‚ἐν τῷ καιρῷ τῆς θαυματουργίας‘ p. 285 Voss.) leicht erschliefsen.

I 1, 1145 sq. rec. Bernhardy]; Comm. in Eccles. cap. 4;
ep. 70, 4), der zwar den Eusebios (h. e. VII 30) benutzt,
aber auch die Dankrede und die Metaphrase des Ecclesiastes
von Gregorios noch kennt. Bei den spätern Schriftstellern
beruht die geringe Kenntnis von Gregorios fast ausschliefs-
lich auf dem legendenhaften von Gregorios von Nyssa ver-
fassten Βίος des Wunderthäters; vgl. Rufinus (h. e. VII
25), Sozomenos (h. e. VII 27), Theodoretos (haer. fab.
comp. II, cap. 8) Beda Venerabil. Comm. in Marc. III 11
und das Menologium Graecorum ad d. 17. Nov. Nur So-
krates (h. e. IV 27) scheint noch die der Apologie des
Pamphilos und Eusebios beigefügte Dankrede des Gregorios
gekannt zu haben. Erwähnt wird Gregorios noch bei Li-
beratus Diaconus (brev. 10), Facundus Hermianensis (Sir-
mond opp. II 740), in den Akten des Concil. quinisextum
(Mansi, Conc. ampl. coll. XI 940 E), bei Georgios Syn-
kellos (p. 376 D = p. 706 ed. Bonn.), Theophanes (Chro-
nogr. p. 144, 6 sqq. ed. de Boor), Euagrios (h. e. III 31)
u. a. m.

Die Legenden, die über den Wunderthäter in Umlauf
waren, hat sich Gregorios von Nyssa von seiner frommen
Grofsmutter Makrina, einer Schülerin des Wunderthäters,
erzählen lassen und daraus seinen Βίος καὶ ἐγκώμιον ῥηϑὲν
εἰς τὸν ἅγιον Γρηγόριον τὸν Θαυματουργόν zusammengestellt.
Dieser Titel zeigt, dafs der Zweck des Bios ein panegy-
rischer und erbaulicher war, und dafs dem Verfasser nichts
ferner lag, als rein geschichtliche Wahrheit bieten zu wollen.
Interessant ist auch der Schlufs des Bios, wo Gregor von
Nyssa zwar bemerkt: ἔστι δὲ καὶ ἄλλα τῇ μνήμῃ μέχρι τοῦ
δεῖρο διασωζόμενα τοῦ μεγάλου Γρηγορίου ϑαύματα, diese
‚ϑαύματα‘ aber mit Rücksicht auf die „Ungläubigen" über-
geht. Immerhin enthält der Bios einiges Historische; doch

ist zur Verwertung desselben scharfe Sonderung von den
legendenhaften Details und durchaus unbefangenes Urteil
nötig. Historisch ist z. B. sicherlich die Nachricht, daſs
Gregorios mit Firmilian zusammengetroffen sei und zugleich
mit diesem den Unterricht des Origenes genossen habe
(p. 250 sq. ed. Voss.), daſs ferner Gregorios trotz vieler
Versuche, ihn zurückzuhalten, in sein Vaterland zurück-
gekehrt sei (p. 251 Voss.), daſs Phaidimos von Amaseia ihn
zum Bischof geweiht habe (während die Ausführung im
einzelnen hier ungeschichtlich ist, p. 254 sq. Voss.), daſs
Gregorios eine Kirche erbaut habe, die bei einem Erdbeben
erhalten geblieben sei (wobei freilich die Zeit der Erbauung
durchaus unsicher ist; p. 273 Voss.), und dáfs er in der
Nachbarstadt Kumana mit glücklichem Griff den spätern
Märtyrer Alexandros, der damals noch Kohlenhändler war,
zum Bischof gemacht habe (p. 286 sq. Voss.). Abgesehen
von dem sagenhaften Beiwerk kann auch der Bericht über
die Decianische Verfolgung in Pontus für historisch gelten:
Gregorios habe damals seiner Gemeinde zur Flucht geraten
und sei selbst geflohn (das ist gewiſs nicht erfunden); nach
dem Ende der Verfolgung habe er dann Märtyrerfeste ein-
gerichtet. Dagegen sind, wie bei allen legendenhaften Dar-
stellungen, die örtlichen und zeitlichen Angaben des Bios
an sich als unhistorisch zu verwerfen, wenn sie nicht ander-
weitig bestätigt werden. Der Nyssener weiſs nicht einmal,
daſs Gregorios mit Origenes in Kaisareia zusammengetroffen
ist, und setzt dafür aus reiner Willkür Alexandreia, den
bekanntesten Aufenthaltsort des Origenes, ein! Wie wenig
sicher die ebendahin verlegte Versuchungsgeschichte des
Gregorios (p. 246 Voss.) auch zeitlich fixiert ist, ergiebt
sich schon daraus, daſs der Nyssener sie in das προοίμιον
des Bios, aber nicht in diesen selbst eingereiht hat. Der-

artige schwere Irrtümer des Nysseners finden ihre Erklärung
zum Teil darin, daſs derselbe auffälligerweise die Schriften
des Wunderthäters, so nahe er diesem zeitlich auch steht,
weder direkt noch indirekt gekannt zu haben scheint. In
dem ganzen Bios findet sich keine Spur von einer Benutzung
der Dankrede; nicht einmal die einzige Stelle, mit der Ger-
hard Vossius das Gegenteil zu beweisen versucht hat, ,δι-
δαχθεὶς τὸ τῶν ἑλληνικῶν δογμάτων ἀσύστατον‘ (p. 321 Not.)
klingt an irgend eine Stelle der Dankrede an [1]).

Da uns also der Bios nur ganz geringe Ausbeute
liefert, so müssen wir hauptsächlich aus den übrigen spär-
lichen Nachrichten eine Übersicht über den Lebens- und
Bildungsgang des Wunderthäters zu gewinnen versuchen.
Aus der Dankrede erfahren wir von Gregorios selbst, daſs
er aus einer vornehmen und begüterten heidnischen Familie
stammte. Anfangs von seinem dämonengläubigen Vater
ganz heidnisch erzogen, lernte er nach dessen Tode als
vierzehnjähriger Knabe die christliche Lehre kennen und
lieben. Zugleich mit seinem Bruder Athenodoros er-
hielt er sorgfältigen Elementarunterricht und wandte sich
dann mit gutem Erfolge rhetorischen und später juristischen
Studien zu, um Advokat zu werden. Einer seiner juristischen
Lehrer riet ihm, in der damals bedeutendsten Rechtsschule
des Ostens zu Berytos das Studium des römischen Rechts
zu vollenden. Mit dem Wunsch des Jünglings, diesem Rat
zu folgen, traf seine brüderliche Verpflichtung zusammen,
seine Schwester zu ihrem Gatten zu geleiten, der plötzlich
als juristischer Beirat zu dem kaiserlichen Statthalter von
Syria Palaestina nach Kaisareia berufen worden war und

---

[1]) Die einzige Stelle, die man nennen kann (Dankr. 30, 15 ff.),
stimmt nur in dem Wort δόγματα mit jener überein.

bald darauf seine Gattin aus dem Pontus nachkommen liefs.
Von Kaisareia aus gedachte dann Gregorios Berytos oder
auch Rom (Dankrede 13, 14 f.) aufzusuchen. Doch wider
Erwarten wurde er in Kaisareia mehrere Jahre festgehalten.
Durch göttliche Fügung, wie Gregorios frommen Sinnes
betont, traf es sich, dafs ungefähr gleichzeitig (ὥσπερ ἀπαν-
τήσοντα ἡμῖν, Dankrede 13, 9 f.) Origenes in Kaisareia
anlangte und bald der Mittelpunkt eines Kreises von christ-
lichen und heidnischen philosophisch gebildeten Männern
und lernbegierigen Jünglingen wurde. Gregorios, der den
berühmten Lehrer anfangs wohl mehr aus Neugierde auf-
gesucht hatte, fühlte sich bald wie mit tausend Banden ge-
fesselt, vergafs über den geistvollen Vorträgen des Origenes
Heimat, Familie und juristisches wie rhetorisches Studium
und wurde so einer der treuesten und eifrigsten Anhänger
jenes grofsen Theologen[1]). Damit soll aber nicht gesagt
sein, dafs Gregorios bereits in Kaisareia ein eifriger, über-
zeugter Christ ohne weltliche Neigungen geworden wäre;
nein, im Gegenteil, gerade die Dankrede beweist, dafs das
philosophische Interesse des Gregorios. das dem Origenes
die Handhabe bot, den Jüngling von den juristischen und
rhetorischen Studien weg zu philosophischen und endlich
theologischen zu führen, bis zum Ende seiner Lehrzeit das
vorherrschende geblieben ist, dafs Gregorios das Christen-
tum nur von seinem philosophischen Standpunkt aus beur-
teilt und sich ihm nur insoweit gewidmet hat, als es mit
seinen philosophischen Ansichten in Einklang stand. Die
Theologie des Origenes erscheint ihm nach einer damals
verbreiteten Anschauung als Philosophie, die nur durch den

---

[1]) Mit dem, was Gregorios in Cap. 7—9 der Dankrede über den
bei Origenes genossenen Unterricht sagt, sind die Worte des Eusebios
(h. e. VI 18) zu vergleichen.

Zusatz von „καλή‘ von der übrigen griechischen Philosophie
unterschieden wird[1]), Bibelstellen sind spärlich verwendet
und verraten keine eingehende Kenntnis der heil. Schriften,
und die eigenen theologischen Ausführungen sind wohl
mehr die Wiedergabe der Ansichten des Origenes, als selb-
ständig gewonnene Überzeugungen[2]). Die Lehrzeit bei
Origenes hatte zwar zu ausgedehnten philosophischen
Studien, aber nicht zu einem tieferen Eindringen in die
christlichen Wahrheiten ausgereicht. Indessen schied der
dankbare Schüler von seinem Lehrer mit dem festen Vor-
satz, die „σπέρματα‘ (Dankrede 38, 21 ff.) zu bewahren und
reiche Früchte zu bringen: so war ihm die Ankunft in
Kaisareia zum Wendepunkt seines Lebens geworden.

Die chronologische Bestimmung dieses wichtigen, mit
der Ankunft des Origenes in Kaisareia zeitlich ungefähr
zusammenfallenden Ereignisses ist für die Chronologie des
Lebens beider Männer von entscheidender Bedeutung. Die
Angaben des Eusebios und Hieronymus in der Chronik
schwanken zwischen 2248 (cod. Amandinus), 2249 (Hieron.)
und 2252 (Armen. Übers.) und können deshalb nicht den
Ausgangspunkt unserer Untersuchung bilden. Aber auch
in der KG. des Eusebios ist die hs. Überlieferung unsicher.
Denn VI 26 wird das Ereignis nach der anerkannt besten
Handschrift, dem cod. Mazarinaeus, und nach Nikephoros
in das 12. Jahr des Alexander Severus = 233 n. Chr. ge-

---

[1]) Vgl. z. B. den Bios Gregors von Nyssa p. 250 sq. ed. Voss. und die
Dankrede 2, 4 f. Unter den „θαυμάσιοι ἄνδρες‘ sind natürlich (gegen
Dräseke JpTh. VII, 1881, S. 119) anwesende christliche „Philosophen“,
d. h. Freunde des Origenes, wie Theoktistos und Firmilian, zu ver-
stehen; vgl. Eusebios h. e. VI 27.

[2]) Über den theologischen Gehalt der Dankrede vgl. J. A.
Dorner, Entwicklungsgeschichte der Lehre von der Person Christi,
II 734 f.

setzt, was dem Jahre 2251 n. Abr. entsprechen würde[1]);
in den andern Handschriften dagegen weist uns die Lesart
δέκατον in das 10. Jahr des Alexander = 231 n. Chr. =
2249 n. Abr. Versuchen wir deshalb, das Zusammentreffen
des Origenes und Gregorios in Kaisareia auf einem andern
Wege zeitlich zu bestimmen.

1. Eusebios giebt an, dafs Gregorios und sein Bruder
Athenodoros fünf Jahre lang an dem Unterricht des Ori-
genes teilgenommen hätten, und fährt dann fort (h. e. VI
30): τοσαύτην ἀπηνέγκαντο περὶ τὰ θεῖα βελτίωσιν, ὡς ἔτι
νέους ἄμφω ἐπισκοπῆς τῶν κατὰ Πόντον ἐκκλησιῶν ἀξιω-
θῆναι. Die Trennung der beiden Brüder von Origenes
fällt aber nach dem Regierungsantritt des Gordianus III.
(Juni 238 n. Chr.), da dieser von Eusebios kurz vor jener
Notiz VI 29, 1 erwähnt wird. Rechnen wir fünf Jahre
zurück, so kommen wir auf das Jahr 233.

2. Die Angabe des Eusebios, Gregorios habe ‚πέντε
ὅλοις ἔτεσι‘ bei Origenes verweilt, ist zu bestimmt, als
dafs sie in Zweifel gezogen werden könnte. Auch sind
Ryssel (Greg. Thaum. S. 12) und Dräseke (JpTh. VII,
1881 H. 1 S. 105) im Irrtum, wenn sie meinen, Gregorios
selbst spräche in seiner Dankrede § 3 von acht Jahren,
die er bei Origenes zugebracht habe. Aus den Worten
(1, 16 ff.): οὐ μὴν ἀλλὰ καὶ ὀκταετής μοι χρόνος οὗτος ἤδη,
ἐξ οὗ οὔτε αὐτὸς εἰπών τι ἢ γράψας λόγον τινὰ μέγαν ἢ
μικρὸν ὅλως τυγχάνω, κτλ. ist, wie Casaubonus (p. 506) und
Bengel (p. 135) richtig gesehn haben, nur zu schliefsen,
dafs Gregorios bereits drei Jahre lang vor seiner Ankunft
in Kaisareia den eigentlichen rhetorischen Studien fern

---

[1]) Vgl. H. Gelzer, Sextus Julius Africanus I S. 8 A. 2, der
δωδέκατον verteidigt, und Dräseke, JpTh. VIII, 1882, S. 575, der
δέκατον für richtig hält.

XII   Einleitung.

geblieben war, um seine ganze Kraft dem „mühevollen"
Studium des römischen Rechts zu widmen. Wenn Gregorios
selbst in der Dankrede (2, 25 ff.) die Schwierigkeit der
Erlernung der lateinischen Sprache und der römischen Ge-
setze ausdrücklich hervorhebt, um seine Ungeübtheit im
rhetorischen Vortrag zu entschuldigen, so kann er nicht
nebenbei die rhetorischen Studien weiter getrieben haben.
Auch waren bei einem, echt römischem Wesen so weit ent-
rückten Pontier mindestens drei volle Jahre zum Studium
des römischen Rechts erforderlich. Daſs aber Gregorios
schon v o r seinem Zusammentreffen mit Origenes dieses
Studium beendigt hatte und es mehr aus Neigung als aus
Notwendigkeit in Berytos zu vertiefen beabsichtigte, beweist
der Umstand, daſs er nach fünf Jahren rein philosophisch-
theologischen Studiums in seine Heimat zurückkehrt, um,
wie der Schluſs der Dankrede (36, 28 ff.) zeigt, s o f o r t
in die juristische Praxis einzutreten.

3. Es unterliegt ferner keinem Zweifel, daſs Origenes
in den Jahren 233—238 ungestört in Kaisareia gelebt und
als Lehrer gewirkt hat, und daſs während dieser Zeit
Gregorios und Athenodoros ohne w e s e n t l i c h e Unter-
brechung seine Schüler gewesen sind. Andernfalls würde
in der Dankrede ein Hinweis auf das Gegenteil nicht fehlen.
Ein solches argumentum ex silentio ist hier durchaus be-
rechtigt[1]). Und wenn Eusebios im 22. tomus des Kommen-
tars zum Johannesevangelium und in verschiedenen Briefen
des Origenes dessen e i g e n e n Bericht über die Maximi-
nische Verfolgung gelesen hat und nur bemerkt (h. e. VI
28): σεσημείωται δὲ τουτονὶ τοῦ διωγμοῦ τὸν καιρὸν ἔν τε
τῷ δευτέρῳ καὶ εἰκοστῷ τῶν εἰς τὸ κατὰ Ἰωάννην ἐξηγητικῶν

---

[1]) So urteilt schon Boye (Diss. p. 42) richtig.

καὶ ἐν διαφόροις ἐπιστολαῖς Ὠριγένης, so hat er weder bei Origenes noch sonstwo irgendeine Andeutung jener angeblichen Flucht des Origenes nach Kappadokien gefunden, von der Palladios (hist. Laus. 147) fabelt. Der Irrtum des auch sonst ganz unzuverlässigen Palladios ist wohl aus Mifsverständnis oder Verdrehung der Worte des Eusebios (h. e. VI 27 und 28) und aus Kombination dieser Stelle mit einer früheren (h. e. VI 17) zu erklären [1]).

4. Es ist endlich nicht wahrscheinlich, dafs die Dankrede später als 238 n. Chr. gehalten ist. Ich kann hier auf eine noch nicht beachtete Parallele zwischen der Dankrede (5, 17 ff.) und dem Johannes-Kommentar des Origenes tom. 32 Cap. 6 (tom. II, p. 402 Lom.) hinweisen. Gregorios hat das kühne Bild in der Stelle: ἐπεμβαίνειν τολμήσαντες ἀνίπτοις τοῖς ποσὶ (τοῦτο δὴ τὸ τοῦ λόγου) ἀκοαῖς κτλ. offenbar von Origenes entlehnt, der sich a. a. O. so ausdrückt: καὶ καθαροῖς τοῖς ποσὶν ἐπιβαίνειν ταῖς τῶν ἀνθρώπων ψυχαῖς und bald darauf (Cap. 7, II, p. 413 Lom.) von ‚σωματικοί‘ und αἰσθητοὶ πόδες τῶν ἀδελφῶν‘ redet. Abgesehen von andern Berührungen zwischen beiden Schriften scheint mir schon die erwähnte den Schlufs zu rechtfertigen, dafs sich Gregorios in frischer Erinnerung an das eben von Origenes behandelte Gleichnis von der Fufswaschung jener ungewöhnlichen Ausdrucksweise bedient hat. Wenn nun (nach Euseb. h. e. VI 24 und Origenes in Joh. tom. 6 Cap. 1, I, p. 175 sq. Lom.) tom. 1—5 des Johannes-Kommentars noch in Alexandreia, tom. 6—22 in den Jahren 233—235/6 (Eus. h. e. VI 28) in Kaisareia verfasst sind, so können die

---

[1]) Vgl. K. J. Neumann, Der röm. Staat und die allgemeine Kirche I S. 228 A. 4.

tomi 23—32 bei regelmäfsiger Fortsetzung der Arbeit sehr
wohl 236—238 entstanden sein[1]), so dafs die Benutzung
des kurz vorher verfafsten tom. 32 in der Dankrede ganz
natürlich erscheint. Diese selbst kann jedenfalls nicht gut
später als 238 angesetzt werden.

5. Hat nun die erste Begegnung zwischen Gregorios
und Origenes fünf Jahre vorher, also 233, wie ich nach-
gewiesen zu haben glaube, stattgefunden, so mufs Origenes
entweder Anfang 233 oder Ende 232 nach Kaisareia ge-
kommen sein. Welchen Weg er von Alexandreia aus da-
hin eingeschlagen, und wie lange er sich unterwegs aufge-
halten hat, wissen wir nicht. Vielleicht hat er nach seiner
Verbannung aus Alexandreia, in der Hoffnung, bei ver-
änderten Verhältnissen dahin zurückzukehren, noch einige
Zeit in der Nähe der Stadt verweilt. Jedenfalls k a n n
einige Zeit zwischen der Abreise aus Alexandreia und der
Ankunft in Kaisareia verstrichen sein. Nun sagt Eusebios
(h. e. VI 26), dafs Demetrios von Alexandreia ‚οὐκ εἰς
μακρόν‘ nach der Abreise des Origenes gestorben sei ‚ἐφ’
ὅλοις ἔτεσι τρισὶ καὶ τεσσαράκοντα τῇ λειτουργίᾳ διαρ-
κέσας‘; da er aber nach Eusebios (h. e. V 22) sein Amt
im 10. Jahre des Commodus = 188/89 n. Chr.[2]) angetreten

---

1) Die von Neumann (a. a. O. S. 269 A. 4) citierte Stelle (Orig.
c. Cels. VIII 24, p. 142 Lom.) beweist höchstens das Fehlen eines
Kommentars zum 8. Cap. des I. Kor.-Briefs i. J. 248, aber nicht
dasselbe für I. Kor. Cap. 1 oder Cap. 1—7. Der Kommentar zu
I. Kor. 1 k a n n schon einige Zeit vor 238 vorgelegen haben, so dafs
seine Erwähnung in den, im 32. tom. des Johannes-Kommentars
citierten Homilien über das Lukas-Evangelium keine Schwierigkeiten
bereitet.

2) Die Berechnung nach A. v. Gutschmid, De temporum notis,
quibus Eusebius utitur in Chronicis Canonibus, Kiliae 1868, p. 9
und 27 = Kl. Schriften I 457 u. 481.

hat, so fällt sein Ende in das Jahr 231, und die Abreise des Origenes also kurz vorher. Danach scheint die Lesart δέκατον bei Eusebios (h. e. VI 26) den Vorzug zu verdienen.

Wenn sich nun auch die Abreise des Origenes von Alexandreia nicht genauer bestimmen läfst, so können wir doch seine erste Bekanntschaft mit Gregorios sicher 233 ansetzen und können weiter schliefsen, dafs Gregorios etwa drei Jahre vorher, also 230, in seiner Heimat das Studium des römischen Rechts und etwa 227 als vierzehnjähriger Knabe das der Rhetorik begonnen hat und also ± 213 geboren ist.

Gehen wir ferner von 238 an vorwärts, so dürfen wir wohl einige Jahre für die praktische juristische Thätigkeit des Gregorios annehmen, aber auch nicht zu viele, da er nach Eusebios (h. e. VI 30) ἔτι νέος Bischof geworden ist. Man kann deshalb vermuten, dafs ihn Phaidimos von Amaseia etwa um 243 als Dreifsigjährigen zum Bischof geweiht habe. An dem Bericht des Nysseners über seine Weigerung und Flucht (p. 254 Voss.) ist vielleicht so viel historisch, dafs sich Gregorios bei seiner Jugend und seiner in der Dankrede besonders hervortretenden Bescheidenheit der schweren Bürde des Bischofsamtes nicht gewachsen glaubte und es anfangs ablehnte.

Wenn nun Gregorios schon um 243 Bischof geworden ist, so mufs der im Anhang abgedruckte Brief des Origenes an ihn zwischen 238 und 243, vielleicht nach Redepenning (Origenes II, S. 59 f.) bald nach 238 von Nikomedeia in Bithynien aus geschrieben sein. Dräseke hat dagegen (JpTh. VII, 1881, S. 112 ff.) im Anschlufs an Ryssel (Greg. Th. S. 13) und Tillemont (Mémoires vol. IV, p. 669) die Ansicht aufgestellt, jener Brief sei 235 oder 236 von Kappa-

dokien aus an den während der Maximinischen Verfolgung
nach Ägypten hinabgezogenen Gregorios gerichtet (S.
121) und könne nicht n a c h der Dankrede (die Dräseke 238
oder 239 ansetzt) geschrieben sein, weil „des Origenes
Reden und Ermahnungen in demselben" mit des Gregorios
eigenen Äufserungen in seinem Panegyrikos im Widerspruch
ständen. Der Beweis für diese beiden Behauptungen ist
n i c h t erbracht. Der Brief des Origenes an Gregorios ent-
hält keineswegs, wie Dräseke meint, verborgene historische
Beziehungen — Origenes hätte guten Grund gehabt, in dem
angenommenen Fall gerade recht deutlich zu reden —,
sondern enthält nur ernste, in die Form der allegorischen
Schriftexegese eingekleidete Mahnungen. Aus den Worten des
Briefes (42, 10 ff.): ὅτι τισὶ πρὸς κακοῦ γίνεται τὸ παρ-
οικῆσαι τοῖς Αἰγυπτίοις, τουτέστι τοῖς τοῦ κόσμου
μαθήμασι, μετὰ τὸ ἐντραφῆναι τῷ νόμῳ τοῦ θεοῦ κτλ.
ergiebt sich mit völliger Sicherheit, dafs hier jede historische
Deutung auszuschliefsen ist. Origenes hat sich für seinen
Zweck eben die geeignetsten Schriftstellen ausgewählt: der
in seine heidnische Vaterstadt zurückgekehrte Gregorios ist
dort als römischer Advokat, fern von christlichem Einfluſs,
in der That dem Idumäer Ader zu vergleichen, und eine
Warnung vor allzu ausschliefslicher Hingabe an heidnische
Philosophie war, wie gerade die Dankrede beweist, bei
Gregorios durchaus am Platze. Man braucht nicht einmal
anzunehmen, dafs Origenes durch ungünstige Nachrichten
über Gregorios zu seinem Brief veranlasst worden sei. Es
ist m ö g l i c h, dafs sich der Brief lediglich auf die allzu
philosophisch gehaltene Dankrede bezieht, deren Priorität
vor dem Briefe ich wenigstens mit mehr Recht, als Dräseke
diese leugnet, behaupten zu können glaube. Die eindring-
liche Mahnung zu fortgesetzter Schriftforschung am Schlufs

des Briefes wird durch die Worte: ἵνα μὴ προπετέστερον εἴπωμέν τινα ἢ νοήσωμεν περὶ αὐτῶν (43, 14 f.) begründet. Darin liegt zugleich ein versteckter Vorwurf gegen Gregorios, der in der That ‚προπετέστερον‘ in der Dankrede (34, 17 ff.) die Worte: τὸν κλείοντα ἀνοιγνύναι μόνον behandelt und dabei den Origenes als den ‚ἑρμηνεὺς τῶν τοῦ θεοῦ λόγων πρὸς ἀνθρώπους‘ bezeichnet. Solcher Einseitigkeit und Übertreibung, solchem Verzicht auf selbständige Schriftforschung tritt nun Origenes am Schluſs seines Briefes entgegen, indem er die Interpretation des von Gregorios citierten Schriftwortes in folgender Weise ergänzt: καὶ ἀνοιγήσεταί σοι ὑπὸ τοῦ θυρωροῦ κτλ., seinen früheren Schüler darauf hinweist, daſs auch nicht genüge ‚κρούειν καὶ ζητεῖν‘, sondern ‚ἡ περὶ τοῦ νοεῖν τὰ θεῖα εὐχή‘ notwendig dazukommen müsse, und endlich den Wunsch ausspricht, daſs auch Gregorios ‚πνεύματος θεοῦ καὶ πνεύματος χριστοῦ‘ immer mehr teilhaftig werde. Auch die Worte des Briefes: ταῦτα ἀπὸ τῆς πρός σε ἐμοῦ πατρικῆς ἀγάπης τετόλμηται (43, 26 f.) treten jetzt in helleres Licht, wenn wir uns erinnern, daſs Gregorios in seiner Dankrede (36, 10) von dem ‚οἶκος τοῦ ἀληθῶς πατρὸς ἡμῶν‘ gesprochen, also den Origenes seinen wahren, geistigen Vater genannt hatte. Ich denke, diese Beziehungen zwischen den beiden Schriften sind klar genug, um die Priorität der Dankrede zu erweisen.

Ob die Mahnungen des Origenes nötig und von Erfolg gewesen sind, wissen wir nicht; jedenfalls hat aber Gregorios nicht viel später seine juristische Laufbahn aufgegeben und ist Bischof von Neokaisareia und mit seinem Bruder Athenodoros Gründer der pontischen Kirche geworden. Näheres über seine Wirksamkeit weiſs selbst

Eusebios nicht zu berichten[1]). Das erklärt sich daraus,
dafs Pontus von den Mittelpunkten des kirchlichen Lebens
zu weit entfernt war, als dafs nähere persönliche Bezie-
hungen zwischen Gregorios und den Bischöfen von Alexan-
dreia, Antiocheia, Jerusalem hätten angeknüpft werden
können. Auch hat es wohl Gregorios, anstatt sich in das
Getriebe der Kirchenpolitik zu mischen, zunächst vorge-
zogen, seine Kirche zu organisieren und als echter und
treuer Hirte ausschliefslich für das Wohl der ihm anver-
trauten Herde zu leben. An Stelle historischer Nachrichten
aus dieser Zeit besitzen wir die von Gregorios von Nyssa
gesammelten Legenden. Dafs sich bald nach dem Tode,
ja noch bei Lebzeiten des Wunderthäters ein so reicher
Sagenkreis um ihn hat bilden können, das läfst, wie Ryssel
(Gregor. Th. S. 5) richtig urteilt, auf eine „gewaltige, kühn
und stark alle Hindernisse bezwingende Persönlichkeit"
schliefsen. Je intensiver und lokaler seine Wirksamkeit
war, desto gröfseren Erfolg konnte sie haben. So wenig
die von ihm erbaute Kirche später durch Erdbeben er-
schüttert wurde[2]), ebensowenig konnte die von ihm ge-
schaffene kirchliche Organisation durch die Stürme der
Decianischen Verfolgung zerstört werden. Anstatt sich
nutzlos zu opfern, floh[3]) damals Gregorios, den Herren-
worten Mt. 10, 23 und 24, 16 gehorchend, in das Gebirge,
und ein grofser Teil seiner Gemeinde ist wohl seinem Bei-
spiel gefolgt. Nach Beendigung der Verfolgung entschä-
digte er die Gemeinde für die ausgestandene Drangsal

---

[1]) Vgl. Georgios Synkellos p. 376 D (Bonner Ausg. p. 706),
Dräseke, JpTh. VII, 1881, S. 738 f.

[2]) Vgl. den Bios Gregors (p. 273 Voss.) und Ryssel (Gregor.
Th. S. 20).

[3]) Vgl. den Bios (p. 302 Voss.) und oben S. VII.

durch Einrichtung von Märtyrerfesten; ἐφῆκεν αὐτοῖς, sagt Gregorios von Nyssa (p. 311 Voss.), ταῖς τῶν ἁγίων μαρτύρων ἐμφαιδρύνεσθαι μνήμαις καὶ εὐπαθεῖν καὶ ἀγάλλεσθαι (vgl. Ryssel a. a. O. S. 62). Gleich darauf 253/4 hatte die pontische Kirche eine noch schwerere Prüfung zu bestehen: Goten und Boraden fielen nach der Eroberung Trapezunts in Pontus und Bithynien ein und verwüsteten diese Landschaften aufs furchtbarste. Ganze Gemeinden sind damals vernichtet, die Häuser verbrannt, die Habe geraubt, die Bewohner getötet oder als Sklaven weggeschleppt worden. Ein anschauliches Bild von jener furchtbaren Heimsuchung bietet uns der sogenannte kanonische Brief des Gregorios, in dem der Bischof in milder und versöhnlicher Weise über die schweren Vergehen urteilt, deren sich Christen während der feindlichen Invasion schuldig gemacht hatten[1]). So mafsvoll sich aber Gregorios gegen seine Untergebenen zeigte, so energisch wufste er seine Lehre gegen jede Ketzerei zu verteidigen. Das durch eine Offenbarung ihm übermittelte Glaubensbekenntnis blieb lange in Pontus in Geltung. An der ersten Synode in Antiocheia

---

[1]) Eine Inhaltsübersicht bei Dräseke, JpTh. VII, 1881, S. 748 bis 750. Ryssel setzt mit den meisten früheren Forschern den Brief ins J. 258, während Dräseke a. a. O. S. 751 ff. diesen Ansatz verwirft und selbst den Brief im Herbst 254 geschrieben sein läfst. Aber ein bestimmter Termin läfst sich aus unsern mangelhaften Quellen wohl kaum erschliefsen. Von Zosimos (Hist. I, cap. 32, 5) erfahren wir nur die Thatsache, dafs die Abberufung des Successianus, jenes tapfern Verteidigers von Pityus, die Barbaren zu einem zweiten Angriff auf Pontus ermutigt hat, erhalten aber nicht die geringste Andeutung über die Zeit jener Abberufung. Immerhin ist es wahrscheinlich, dafs dieselbe bald nach dem ersten, ins Jahr 253 fallenden Angriff der Barbaren, also vielleicht mit Dräseke (S. 747) Ende 253 oder Anfang 254, danach der zweite Einfall 254, und der kanonische Brief Ende 254 anzusetzen ist.

gegen Paulos von Samosata im Jahr 264/5 nahm Gregorios
eifrig teil und beherrschte durch sein Ansehn im Verein
mit seinem Bruder Athenodoros, Phirmillianos von Kaisa-
reia und Helenos von Tarsos die Versammlung (Euseb. h.
e. VII 28, Theodoret, haer. fab. comp. II, Cap. 8, und
Theodoros Balsamon, Schol. in canon. 21 concil. Nicaen. bei
Beveregius, Pandect. canon. I 83). Ob Gregorios auch an
der zweiten Synode in Antiocheia gegen Paulos von Samo-
sata teil genommen hat, wissen wir nicht. Jedenfalls ist
nicht mit Ryssel (Gregor. Th. S. 17 f.) anzunehmen, dafs
Theodoros, einer der von Eusebios (h. e. VII 30, 2) er-
wähnten Unterzeichner des Synodalschreibens, identisch mit
Gregorios sei; den früher geführten Namen Theodoros kann
Gregorios unmöglich in einem offiziellen Schreiben, anstatt
seines eigentlichen, gesetzt haben. Ryssel hält die Teilnahme
des Gregorios an jener zweiten Synode auch deshalb für
wahrscheinlich, weil Gregorios nicht vor 270 gestorben sei.
Aber auch jene zweite grofse Synode ist ja nach Eusebios (h.
e. VII 28, 4) nicht vor dem Regierungsantritt des Aurelian
(270), sondern nach demselben abgehalten worden. Suidas
setzt den Tod des Gregorios unter Aurelian (270—75), und
wir haben keinen Grund, die Angabe zu bezweifeln. Ist
Gregorios, wie ich glaube, auf jener zweiten antiochenischen
Synode nicht zugegen gewesen, so hat ihn wahrscheinlich
der Tod schon vorher, d. h. zu Anfang der Regierungszeit
Aurelians, weggerafft; er würde danach ein Alter von nicht
ganz 60 Jahren erreicht haben. Da er aber ἔτι νέος Bischof
geworden war, so konnte er in der Sterbestunde auf eine
verhältnismäfsig lange und reichgesegnete Amtsthätigkeit
zurückblicken. Er hatte seine Vaterstadt aus einer heid-
nischen zu einer christlichen umgeschaffen (Bios p. 313 Voss.)
und zum Mittelpunkt der neubegründeten pontischen, seit

Diocletian mit der kappadokischen verbundenen Kirche gemacht. Seine dankbaren Landsleute hielten sein Gedächtnis in hohen Ehren, bei spätern Schriftstellern wird er mit den berühmten Kappadokiern Gregorios von Nazianz und von Nyssa und Basileios zusammen genannt (vgl. Photios bibl. 106ª Z. 32 sq. rec. Bekker), und die katholische Kirche zählt ihn zu ihren Heiligen und feiert seinen Gedenktag am 17. November.

II.

Das Werk, das Gregorios nach seiner Bischofsweihe in Angriff nahm, war so schwierig, und sein persönliches Wirken im ganzen Pontusgebiet so intensiv und zeitraubend, dafs ihm weder Zeit noch Kraft zu gröfseren Schriftwerken übrig blieb. Es fehlte ihm wohl auch die Neigung dazu, denn nicht als Gelehrten, sondern als Mann der Praxis zeigt ihn uns die Dankrede an mehreren Stellen, besonders da, wo er den Origenes ausdrücklich deswegen rühmt, weil er immer das Thun des für richtig Erkannten für das wichtigste erklärt, und selbst hierin allen das schönste Vorbild gegeben habe (24, 22 ff., vgl. auch Sokrates, h. e. IV 27). Gregorios hat deshalb wohl wenig Wert auf schriftstellerische Thätigkeit gelegt; seine Schriften dienten dem praktischen Bedürfnis oder verdankten wenigstens ihren Ursprung irgend einem äufserlichen Anlafs (vgl. Ryssel S. 54). Damit hängt es zusammen, dafs weder Gregorios selbst seine Schriften gesammelt hat, noch dafs eine Gesamtausgabe derselben nach seinem Tode veranstaltet zu sein scheint. Wir dürfen uns also über die Geringfügigkeit des echten litterarischen Nachlasses des Gregorios Th. nicht

wundern und müssen es auch begreiflich finden, dafs bei
dieser mehr zufälligen Art der Überlieferung selbst un-
zweifelhaft echte Schriften andern Autoren in den Hss.
beigelegt werden. Andererseits wurde der Name des Wun-
derthäters bald so berühmt und seine Autorität als eines
rechtgläubigen Kirchenfürsten so allgemein anerkannt, dafs
sich nicht nur Sabellianer auf ihn beriefen (vgl. Basileios
ep. 210, 3, 5), sondern dafs überhaupt Häretiker ihm eine
Anzahl Schriften unterschoben, um sie durch seinen Namen
zu decken und zu erhalten.

Als unbestritten echt sind zu bezeichnen:

1. *Εἰς Ὠριγένην προσφωνητικός* vom Jahre 238 n. Chr.,
vgl. unten S. 1—39.

2. *Ἔκθεσις τῆς πίστεως κατὰ ἀποκάλυψιν Γρηγορίου
ἐπισκόπου Νεοκαισαρείας*, eine kurze, für den praktischen
Gebrauch bestimmte Glaubensformel, die lange Zeit im Pon-
tus in Geltung geblieben ist. Gregorios von Nyssa hat sie in
seinen Bios aufgenommen (p. 258 f.). Die zahlreichen Hss.,
in denen die Formel überliefert ist, zählt Preuschen auf
(Harnack, Gesch. d. altchr. Litt. I 429). Vgl. C. P. Cas-
pari, Alte und neue Quellen zur Gesch. d. Taufsymbols,
Christiania 1879, S. 1—64, der die Glaubensregel 260 bis
270 ansetzt (a. a. O. S. 64), und F. Kattenbusch, Das
apostolische Symbol, I, Leipzig 1894, S. 338—342.

3. *Ἐπιστολὴ κανονικὴ τοῦ ἁγίου Γρηγορίου Νεοκαισα-
ρείας ἐπισκόπου τοῦ Θαυματουργοῦ περὶ τῶν ἐν τῇ κατα-
δρομῇ τῶν βαρβάρων εἰδωλόθυτα φαγόντων ἢ καὶ ἕτερά τινα
πλημμελησάντων*. Erste kritische Ausgabe von M. J. Routh
(Reliquiae sacrae² vol. III 256—283), danach Dräseke
(JpTh. VII, 1881, 730—736). Der Brief ist in zahlreichen
Canones-Hss. erhalten, die Preuschen a. a. O. S. 429 f. auf-
zählt. Der Brief bildet eines der wichtigsten Aktenstücke

des 3. Jahrhunderts und ist wahrscheinlich (nach Dräseke
a. a. O. S. 756) im Herbst 254 geschrieben; vgl. oben
S. XIX. A. 1.

4. *Μετάφρασις εἰς τὸν Ἐκκλησιαστὴν Σολομῶντος.*
Wenn auch fast sämtliche bisher bekannt gewordenen Hss.,
wie mir E. Preuschen mitteilt, die Metaphrase dem Gre-
gorios von Nazianz beilegen, so ist doch bei dem ausdrück-
lichen Zeugnis des Hieronymus (de vir. ill. 65 und Comm.
in Eccles. 4) und des Rufinus (h. e. VII 25) an der Autor-
schaft des Gregorios Thaumaturgos nicht zu zweifeln. Auch
die Sprache weist einzelne Anklänge an die Dankrede auf.
Über die Hss. handelt Preuschen a. a. O. S. 430.

5. Die in syrischer Übersetzung erhaltene, von Ryssel
a. a. O. S. 71—99 veröffentlichte Schrift an Theopompos
über die Leidensunfähigkeit und Leidensfähigkeit Gottes.
Vgl. de Lagarde, Analecta Syriaca, Lips. et Londin. 1858,
p. 46—64 und Pitra, Analecta sacra IV, p. 103—120, lat.
Übersetzung p. 363—376. Dräseke (JpTh. IX, 1883, S. 634
bis 640 = Ges. patristische Unters. 1889, S. 162—168)
hält mit Ryssel die Schrift für echt, setzt sie aber später
als Ryssel, erst nach 240, und vermutet, daß sie gegen die
Lehre des Gnostikers Sokrates gerichtet sei.

6. Verloren ist die von Basileios (ep. 210, 5) citierte
Διάλεξις πρὸς Αἰλιανόν, welche nach Basileios a. a. O.
auch eine (mit der erhaltenen nicht identische) *ἔκθεσις τῆς
πίστεως* des Wunderthäters enthalten hat und nicht frei von
heterodoxen Ansichten gewesen ist. Diese seien aber, be-
merkt Basileios zur Entschuldigung, ,*ἀγωνιστικῶς*' ausge-
sprochen.

7. Möglicherweise gehört dem Gregorios auch die Ex-
positio in proverbia Salomonis an, die Batiffol (Mélanges
d'Archéologie et d'histoire IX, 1889, p. 46—47) erwähnt.

Dazu kommen zahlreiche, in Catenen und sonst erhaltene griechische, syrische und arabische Fragmente meist exegetischen Inhalts; vgl. die Aufzählung von Preuschen a. a. O. S. 431 f. und Ryssel a. a. O. S. 43—59.

Als untergeschoben sind folgende Schriften anzusehen:

1. Ἡ κατὰ μέρος πίστις, von Caspari (a. a. O. S. 65 bis 146) dem Apollinaris von Laodicea zugewiesen. Griechisch bei A. Mai, Nova Collectio VII, 1833, 170—176, und de Lagarde, Titi Bostren. opp., Append. p. 103—113, syrisch bei de Lagarde, Analecta syr. p. 31—42 und Pitra, Analecta sacra IV 82—94. 346—356.

2. Ἀναθηματισμοὶ ἢ περὶ πίστεως κεφάλαια ιβ', vgl. de Lagarde, Analecta syriaca p. 65 ff. und Pitra, Analecta sacra IV 95—160. 357—360.

3. Λόγος κεφαλαιώδης περὶ ψυχῆς πρὸς Τατιανόν, vgl. Preuschen a. a. O. S. 431.

4. Eine Anzahl Reden auf Maria, das Epiphanienfest, Christi Geburt, Christi Fleischwerdung, Stephanus; vgl. Preuschen a. a. O. S. 431 und Dräseke, JpTh. X, 1884, S. 657—704.

5. An Philagrius über die Wesensgleichheit. Diese Schrift ist, wie Dräseke (JpTh. VII, 1881, S. 379—384 und VIII, 1882, S. 343—384 u. 553—568 = Ges. patrist. Unters. S. 103—162), trotz der Einwendungen Ryssels (JpTh. VII, 1881, S. 565—573), evident nachgewiesen hat, unecht und identisch mit oratio 45 des Gregorios von Nazianz (Πρὸς Εὐάγριον μόναχον περὶ θεότητος λόγος). Vgl. de Lagarde, Analecta syriaca, p. 43—46, Pitra, Analecta sacra IV, p. 100—103. 360—363, Ryssel a. a. O. S. 65 bis 70.

6. Λόγος εἰς τοὺς ἁγίους πάντας. Die von J. A. Min-

garelli (Bononiae 1770, 4⁰) zuerst veröffentlichte (bei Migne, P. Gr. tom. X, p. 1197—1206 danach abgedruckte) Rede ist trotz des hs. Zeugnisses unecht. Denn der unbekannte Verfasser hat nicht nur Ausdrücke, Vergleiche und Citate aus der Dankrede entlehnt, sondern scheint auch zwei Schriften des Johannes Chrysostomos (1. *Εἰς μάρτυρας ὁμιλία* tom. II, p. 668 B u. C, 2. *'Εγκώμιον εἰς τοὺς ἁγίους πάντας* tom. II, p. 713 C u. 716 C ed. Montfaucon) benutzt zu haben.

Folgende Gesamtausgaben[1]) sind erschienen:

1. S. Gregorii episcopi Neocaesariensis cognomento Thaumaturgi opera omnia (im Anhang der Bios des Gregor von Nyssa) ed. Gerardus Vossius, Mogunt. 1604, 4⁰. Besser und vollständiger, aber auch nicht frei von Fehlern ist

2. SS. PP. Gregorii Neocaesariensis Episc. cognomento Thaumaturgi, Macarii Aegyptii, et Basilii Seleuciae Isauriae episcopi opera omnia etc. Paris 1622 fol.

3. Gallandius, P., Bibliotheca Veterum Patrum, Venet. 1765—1781. Edit. nova Venet. 1778, tom. III, p. 385 bis 469, vgl. tom. XIV, App. p. 119 (Scholion in Mt. 6, 22 f.). Relativ am besten ist

4. der Abdruck des Gallandischen Textes in Mignes P. Gr., tom. X, p. 963—1206, aber auch nicht fehlerfrei; z. B. sind in der Dankrede (15, 8) die Worte ,*φιλοσοφίαν καὶ τούς'*, die schon bei Gallandi fehlen, ausgelassen. In allen Ausgaben sind lateinische Übersetzungen beigefügt; eine deutsche findet sich in der Kemptener Bibliothek der Kirchenväter von J. Margraf 1875, Heft 159.

Über das Leben des Wunderthäters handeln:

---

[1]) Vgl. Fabricius ed. Harless, Bibl. Graec. vol. VII, p. 259 sq., Ryssel a. a. O. S. 23 f.

1. N. M. Pallavicini, Vita Gregorii Thaum. Romae
1644 (mir unbekannt).

2. J. L. Boye, Dissert. histor. de S. Gregorio Thau-
maturgo episcopo Neocaesariensi primam etc. etc. Jenae
1709 (sehr weitschweifig und veraltet, doch manches Rich-
tige enthaltend).

3. Über die Schriften des Gregorios ist noch heute
mit Nutzen zu vergleichen:

Leo Allatius, Diatriba de Theodoris et eorum scriptis
No. LXII (abgedruckt bei Migne, P. Gr. tom. X, p. 1205
bis 1232).

Die neueste zusammenfassende Darstellung von dem
Leben und den Schriften des Gregorios hat gegeben:

4. V. Ryssel, Gregorius Thaumaturgus. Sein Leben
und seine Schriften, nebst Übersetzung zweier bisher un-
bekannter Schriften Gregors aus dem Syrischen, Leipzig
1880. Hier sind S. 64 noch andere hierher gehörige
Schriften verzeichnet. Im übrigen vgl. Richardson, Biblio-
graphical Synopsis (in den Ante-Nicene Fathers, Buffalo
1887, S. 65 f.).

III.

Über Ort und Zeit der Dankrede ist bereits oben
gesprochen worden; es bleibt noch übrig, einige Bemer-
kungen über Titel, Inhalt und Gliederung, Sprachform, hs.
Überlieferung und Sonderausgaben hinzuzufügen.

Den auch meiner Ausgabe voranstehenden Titel: $To\tilde{v}$
$\dot{\alpha}\gamma io\upsilon$ $\Gamma\varrho\eta\gamma o\varrho iov$ $\tauo\tilde{v}$ $\Theta\alpha\upsilon\mu\alpha\tauo\upsilon\varrho\gamma o\tilde{v}$ $\varepsilon\dot{\iota}\varsigma$ $\dot{}\Omega\varrho\iota\gamma\acute{\varepsilon}\nu\eta\nu$ $\pi\varrho o\sigma\varphi\omega\nu\eta$-
$\tau\iota\varkappa\acute{o}\varsigma$, scil. $\lambda\acute{o}\gamma o\varsigma$, hat wohl der erste Herausgeber, vielleicht
erst Pamphilos oder Eusebios vorgesetzt; der hs. nicht be-

zeugte Zusatz: καὶ πανηγυρικὸς λόγος in der Vossischen
Ausgabe ist wahrscheinlich von Vossius selbst willkürlich
nach der Dankrede (2, 3) oder nach Hieronymus (de vir.
ill. 65 ‚πανηγυρικὸν εὐχαριστίας‘) gemacht. Gregorios selbst
hat seine Rede ‚λόγος χαριστήριος‘ genannt (7, 18. 9, 16).
Der Inhalt der Rede ist demnach eine Danksagung
an Origenes für den genossenen Unterricht. Hiermit ver-
bunden ist aber eine eingehende Darlegung der Unter-
richtsmethode des Origenes. Gerade darin liegt die Bedeu-
tung der Dankrede als einer der wichtigsten Quellen für
unsere Kenntnis von dem Wirken des Origenes. Denn wir
haben in ihr nicht einen „Panegyricus", wie Vossius und
andere nach ihm gemeint haben, d. h. keine übertriebene
Lobpreisung und Verherrlichung des Origenes durch Gre-
gorios zu sehen, sondern vielmehr eine aus dem Gefühl
warmer Dankbarkeit und treuer Anhänglichkeit entsprungene,
durchaus wahrheitsgetreue Schilderung des schönen Ver-
hältnisses zwischen jenem geistvollen und begeisternden
Lehrer und seinem treuen und dankbaren Schüler. Die
Versicherung des Gregorios: ὃς οὐδ᾽ ὅτε μειράκιον ὢν τὴν
δημώδη ῥητορικὴν ἐκ ῥήτορος ἐδιδασκόμην, ἐπαινεῖν καὶ λέ-
γειν περί του ἐγκώμιον, ὅ τι μὴ ἀληθὲς ἦν, ἑκὼν ὑπέμενον
(25, 14—16) ist durchaus glaubwürdig, da er kurz darauf
(26, 6 ff.), um nicht gegen die Wahrheit zu verstofsen,
den allzuweit gehenden Ausdruck ‚παράδειγμα σοφοῦ‘ für
Origenes wieder zurücknimmt.

Der Inhalt im einzelnen ergiebt sich aus folgender
Gliederung (vgl. Bengel, Notae p. 132 sq. und Ryssel,
S. 25 f.):

I. Einleitung, § 1—30. Schweigen gebiete zwar die durch
das beschwerliche Studium des römischen Rechts verursachte Unge-
übtheit im Reden und die Unmöglichkeit, das Thema würdig und

angemessen zu behandeln; doch treibe zum Reden das Gefühl tiefer
Dankbarkeit gegen Origenes.

II. Ausführung, § 31—202. Sie enthält

  A. eine Danksagung gegen Gott durch Christus, gegen
     seinen Schutzengel, der ihn nach Kaisareia geleitet hat
     (hier wirft der Redner einen Rückblick auf sein früheres
     Leben), und gegen Origenes (§ 31—92). Im Anschluſs
     hieran wird

  B. die Unterrichtsmethode des Origenes geschildert und
     werden die Unterrichtsgegenstände: Logik, Physik, Ethik,
     Metaphysik, Theologie besprochen (§ 93—183). Daran
     reiht sich

  C. die Klage des Redners über die Trennung von Origenes,
     worauf einige Trostgründe folgen (§ 184—202).

III. Schluſs, § 203—207. Er enthält eine kurze Zusammen-
fassung des Gesagten und die Bitte um den Segen und die Fürbitte
des Origenes.

Man erkennt sofort, daſs die Rede, wenn auch der be-
scheidene Verfasser seine Ungeübtheit im Reden betont,
doch ganz nach den Regeln der Kunst angelegt und durch-
geführt ist und eine beachtenswerte rhetorische Leis-
tung darstellt. Der rhetorische Charakter der Rede tritt
sogar für unsern Geschmack öfters zu sehr hervor, man
merkt zu deutlich, wie eifrig sich der Redner bemüht, den
Regeln seiner früheren Redelehrer nachzukommen und
seinen Gedanken ein möglichst glänzendes Gewand zu geben.
Gregorios gesteht ja in den Worten: εἰ μέν τι καὶ εἰειδὲς
καὶ εὔγλωττον ἀπαντᾷ ποθεν, ἀσπασάμενοι ἡδέως (3, 22 f.)
selbst ein, daſs er nach rhetorischem Schmuck gesucht
habe. So finden wir also in der Rede zahlreiche Vergleiche
teils aus der Natur und dem Menschenleben (breit ausge-
führt: τέναγος 32, 3 ff., ὕλη 32, 6 ff., λαβύρινθος [vgl. Plato,
Euthydem. 291 B] 32, 18 ff., γεωργός 18, 27 ff., φυτουργός
19, 3 ff., γῆ 20, 10 ff.; kürzer: κάτοπτρον 23, 13. 27, 13
und θρέμμα [beides auch mehrmals bei Plato] 15, 15, ferner:
ζῷα 22, 5 θῆρες, ἰχθύες, ὄρνεις 15, 1 f., ἵπποι 20, 1 ff.;

βέλος 15, 29, σπινϑήρ 17, 1, φυτεία 22, 28, ἔρια 29, 25 f.;
τεχνίτης 33, 7 ff., ζωγράφοι 3, 8 ff.), teils aus der Bibel ent-
lehnt (ausführlicher: Adam 35, 16. 27 f., verlorner Sohn
36, 15 ff., babyl. Exil 37, 14 ff., David und Jonathan 17,
10 ff.; kürzer: arme Witwe 6, 26 ff., Paradies 35, 4. 10,
Himmelsleiter [?] 22, 23 f.), und alle diese Vergleiche sind
geschickt gewählt und verwendet. Dazu kommen einige wenige
direkte und indirekte Citate aus der Bibel, aus Demosthenes
und Plato (vgl. das Register), verschiedene Berührungen
mit Schriften des Origenes (vgl. oben S. XIII), und endlich
Sentenzen und Sprichwörter (29, 9 f., 15, 6 f.) und dich-
terische Stellen und Ausdrücke (φιλίας κέντρον 16, 16, χρύ-
σεον πρόσωπον [scil. τῆς δικαιοσύνης] 28, 11 ff., ein jam-
bischer Senar 38, 14 f.).

Der Stil ist im ganzen etwas schwerfällig. Gregorios
liebt es, recht ausgedehnte und komplicierte Perioden zu
bauen, die durch lange Parenthesen, Ellipsen, Anakoluthe,
Häufung von Synonymen u. dgl. unübersichtlich und schwer
zu verstehen sind. Dieser Hauptmangel des Stils dürfte
wohl besonders durch das andauernde Studium der perioden-
reichen lateinischen Sprache veranlafst sein; Gregorios selbst
entschuldigt ja seine Ungeübtheit im Reden damit (2, 20 ff.).
In den übrigen echten Schriften Gregors sind lange Perioden
seltener, doch finden sich auch Ellipsen vor, z. B. Ep.
canon. 3 a. E. Andere Mängel und Härten des Ausdrucks
erklären sich einfach aus der langjährigen Unterbrechung
seiner rhetorischen Studien (1, 16 ff.). Casaubonus bemerkt
(bei Höschel, Notae p. 498) ganz richtig: „et in verbis et
in dictione sive τῇ συνϑέσει τοῦ λόγου non pauca occurrunt,
quae opus habeant excusationis. putabam initio corrupta multa,
quae postea deprehendi non corrigenda quidem, sed ex-
cusanda." Wir werden also oftmals, anstatt Corruptelen

anzunehmen, unserm Redner gewisse Freiheiten in der
Wortbildung und Syntax zu gute halten und der Inter-
pretation gröfsern Spielraum, als der Kritik, gewähren müssen.
So ist z. B. Gregorios im Vermeiden des Hiatus nicht kon-
sequent (Stellen, wie 26, 10 und 36, 19, sind nicht zu korri-
gieren) und erlaubt sich in der Stellung von αὐτοῦ zwischen
Artikel und Substantivum (6, 11 f.; 25, 12; 28, 10 f.; 34,
16; 39, 19) zwar dieselbe Abweichung vom Sprachgebrauch
wie z. B. schon Polybios (vgl. Fr. Kaelker, de elocutione
Polyb. p. 257), ohne jedoch dieselbe Entschuldigung, wie
dieser, zu haben.

Im allgemeinen schreibt aber Gregorios für seine Zeit
ein gutes und fliefsendes Griechisch. Er hat nicht nur
viele Ausdrücke aus seinem rhetorischen Unterricht bewahrt,
sondern seine Sprache auch durch das Studium der grie-
chischen Philosophen (25, 23 f. 29, 5 ff.), besonders des
Plato (vgl. das Register), bereichert; einen grofsen Teil
seines Sprachgutes verdankt er aber auch dem Origenes.
Gelegentlich erscheint die Nachahmung der Ausdrucksweise
desselben beabsichtigt (vgl. besonders 5, 17 ff.), meistens
ist sie aber unbeabsichtigt und ein deutlicher Beweis für
die tiefgehende Einwirkung des Origenes auf seinen Schüler.
Für das Lexikalische verweise ich im übrigen auf das Re-
gister.

So sehr wir aber auch den rhetorischen Charakter der
Dankrede betonen müssen, so wenig dürfen wir über der
Form den für Origenes wie für Gregorios gleich wichtigen
Inhalt übersehen. Ihrem innern Werte und vor allem der
gerechten Würdigung des Origenes verdankt die Rede auch
ihre Erhaltung. Sie ist uns nämlich nur in Verbindung
mit der Schrift des Origenes gegen Celsus überliefert. Es
war ja natürlich, dafs Origenes von seinem scheidenden

Schüler eine Abschrift der Rede erhielt, die dann mit seinen eigenen Schriften zusammen herausgegeben wurde. Gregorios selbst hat seine Rede wohl nicht veröffentlicht, sie war ja ausschliefslich für Origenes bestimmt. Wodurch aber die Rede unter den Schriften des Origenes erhalten geblieben ist, und welche wichtige Rolle sie hierbei gespielt hat, das erfahren wir von Sokrates, der (h. e. IV 27) berichtet: *μέμνηται δὲ αὐτοῦ* [scil. *Γρηγορίου*] *καὶ Πάμφιλος ὁ μάρτυρ ἐν τοῖς περὶ Ὠριγένους πονηθεῖσιν αὐτῷ βιβλίοις, ἐν οἷς καὶ συστατικὸς λόγος Γρηγορίου εἰς Ὠριγένην παράκειται.* Danach hat also Pamphilos die Dankrede seiner Apologie beigefügt, um durch das starke Zeugnis des rechtgläubigen Gregorios für Origenes das Gewicht seiner eigenen Verteidigung zu verstärken. Später ist dann das griechische Original der Apologie fast vollständig verloren gegangen, aber die Dankrede erhalten geblieben, um gleichsam als Schutzmarke für die darauf folgenden Schriften des Origenes zu dienen. Es gilt also von der hs. Überlieferung der Dankrede im ganzen dasselbe, was ich über diejenige der acht Bücher des Origenes gegen Celsus (im 1. Heft des VI. Bandes der Texte und Unters. zur Gesch. der altchristl. Lit.) ausgeführt habe.

Die Dankrede ist in folgenden **sechs** Hss. erhalten:

1. Codex Vaticanus gr. No. 386 bombycin. saec. XIII., fol. 1ʳ—12ʳ = A.

2. Codex Parisinus S. Gr. No. 616 membran. a. 1339, fol. 2ʳ—18ᵛ = P.

3. Codex Venetus Marcianus gr. No. 44 chartac., saec. XV., fol. 1ʳ—13ᵛ = V.

4. Codex Palatino-Vaticanus gr. No. 309 chartac., a. 1545, fol. 1ʳ—18ʳ, von Höschel seiner Ausgabe der Dankrede (vgl. dort p. 508, Not. Z. 11 v. o.) zu Grunde gelegt.

5. Codex Oxoniensis Novi Collegii gr. No. 146 chartac.,
saec. XVI., fol. 1ʳ—13ᵛ.

6. Codex Venetus Marcianus gr. No. 45 chartac. saec.
XIV. extr., ist am Anfang beschädigt und enthält fol.
1ʳ—5ᵛ die zweite kleinere Hälfte der Dankrede, von τοῦτο
(21, 23) ab = M.

Eine 7. Hs., nämlich die der editio princeps von
Gerhard Vossius zu Grunde liegende, ist verloren. Aus
dem ersten Wort bei Vossius ,Καλόν‘ ergiebt sich, daſs
jene Hs. von keiner der unter No. 2—6 genannten Hss.
abgeleitet werden kann; sie ist wahrscheinlich eine für
den Druck angefertigte Abschrift des cod. Vat. 386 ge-
wesen. Die Lesarten der editio princeps gehen jedenfalls
direkt auf diese Hs. zurück, und die zahlreichen Fehler
und Ungenauigkeiten derselben sind wohl auf Rechnung
ihres flüchtigen Schreibers zu setzen.

Endlich nennt Delarue (Origenis opera omnia vol. IV,
Append. p. 55 Note c) unter vier von ihm verglichenen
Hss. auch einen Codex Basileensis und einen Codex Westenius
[so]. Vielleicht liegt hier ein Irrtum vor; wenigstens sind,
wie mir Herr Oberbibliothekar Dr. Bernoulli freundlichst
bestätigt hat, die beiden Hss. in Basel nicht vorhanden.
Nach den Angaben bei Delarue scheinen dieselben übrigens
gänzlich wertlose Abschriften gewesen zu sein.

In meiner oben genannten Schrift habe ich nachge-
wiesen, daſs die acht Bücher gegen Celsus im Cod. Pal.
309 und Oxon. 146 von V abgeschrieben sind, und daſs V
und M von A abstammen. Es unterliegt keinem Zweifel,
daſs für die der Schrift gegen Celsus vorausgehende Dank-
rede dasselbe Urteil gelten muſs. Dazu läſst sich auch der
Beweis hier leicht führen. Da nämlich die beiden ersten
Blätter von A am innern Rande beschädigt sind, so haben

die Abschreiber teils entsprechende Lücken gelassen, teils das Fehlende mit mehr oder weniger Glück ergänzt und dadurch ihre Vorlage aufs deutlichste verraten. Schwieriger ist das Verhältnis zwischen A und P zu bestimmen. Ich hatte a. a. O. S. 58 ff. für die Bücher gegen Celsus in A und P auf Grund unvollständigen hs. Materials einen gemeinsamen Archetypus angenommen, bin aber jetzt mit J. Armitage Robinson überzeugt, dafs auch P von A abgeschrieben ist. Dasselbe kann ich für die Dankrede durch folgende Stellen beweisen.

1. In A ist 1, 14 das richtige ἧττον zu ἥττων korrigiert; P schreibt zuerst nach dieser Korrektur ἥττων, sieht aber dann, dafs dies falsch ist, und ändert es in ἧττον um.

2. Die Konstruktion der Worte: ἀνθρώπων μὲν πάντων μάλιστα τῷ ἀνδρὶ τῷ ἱερῷ τῷδε (9, 16 f.) scheint P nicht verstanden und das dem μέν entsprechende δέ vermifst zu haben; er sieht deshalb das in A hinter μάλιστα stehende Komma für die Abkürzung von δέ an und setzt dies an Stelle des Kommas in den Text.

3. Für das richtige οὐδ' ὅλως (29, 15) liest P wie A οὐδόλως.

4. Viele Schwierigkeiten hat den Abschreibern 38, 26 διεφθαρμένας bereitet. In A steht διεφθαρμένα, jedoch so undeutlich, dafs das Schlufs-α sehr leicht als η verlesen werden konnte; so schreiben aber P und M. Aufserdem herrscht an vielen Stellen auch in Kleinigkeiten Übereinstimmung zwischen A und P, dazu bietet P nirgends eine selbständige Variante, sondern nur zahlreiche willkürliche Verkürzungen und Veränderungen, über die anderswo ausführlicher gehandelt werden wird.

So bleibt demnach, wie für Orig. c. Cels., auch für die Dankrede nur A als die mafsgebende Hs. übrig; die

Abschriften aber sind nur insoweit zu berücksichtigen, als sie gute Konjekturen oder Lesungen für Stellen bieten, die jetzt in A weniger gut, als vor einigen Jahrhunderten, zu entziffern sind.

Abgesehen von den Gesamtausgaben sind folgende Sonderausgaben der Dankrede erschienen:

1. D. Hoeschel, Augsburg 1605, 4°, als Anhang zu der editio princeps der Bücher gegen Celsus; am Schluſs p. 489—506 beachtenswerte Noten des Isaac Casaubonus.

2. J. A. Bengel, Stutgardiae 1722, 8° min., zwar keine kritische, aber bis jetzt die beste (von Gallandi und Migne benutzte) Ausgabe, die sich besonders durch verständige Interpunktion auszeichnet. Im Anhang (p. 127—242) sind die wichtigsten Noten von G. Vossius, Is. Casaubonus, D. Hoeschelius, L. Rhodomanus mit denjenigen Bengels zusammengestellt.

3. Einen Rückschritt bedeutet die auf den Ausgaben von Höschel und Voss und angeblichen Kollationen von vier Hss. beruhende Ausgabe der Dankrede von Delarue jun. (Origenis opera omnia, vol. IV, Parisiis 1759, Append. p. 55—78), und ebenso

4. der schlechte Abdruck derselben von Lommatzsch (Origenis opera omnia, tom. XXV, Berolini 1848, p. 339 bis 381), der es nicht der Mühe für wert gehalten hat, Bengels gute Ausgabe auch nur flüchtig einzusehen.

Lateinische Übersetzungen sind von Jacob Sirmond (bei Voss), Laurent. Rhodomanus (bei Höschel) und von Bengel (in seiner Ausgabe) verfaſst; eine deutsche Übersetzung findet sich in der Kemptener Bibl. der Kirchenväter, Bd. 159, S. 20—65.

Der Text der vorliegenden Ausgabe beruht auf A, dem Archetypus aller vorhandenen Handschriften. Ich habe

mich an A, da dessen Textüberlieferung als recht gut zu
bezeichnen ist, so eng als möglich angeschlossen und selbst
in Kleinigkeiten nicht ohne zwingenden Grund geändert.
Aus praktischen Rücksichten habe ich die Kapitelzahlen der
Ausgabe von Migne trotz einiger Fehler (vgl. Kap. II a.
A. und XV) beibehalten[1]), aber die Paragraphenzahlen
Bengels eingefügt und den Text durch zahlreichere Absätze
übersichtlicher zu gestalten versucht. Auf die Interpunktion
ist nach Bengels Vorgang möglichste Sorgfalt verwendet
worden; die runden Klammern sollen dazu dienen, das Ver-
ständnis langer Perioden zu erleichtern. Im Apparat sind
auch geringfügige Abweichungen von A notiert, da ich hier
lieber zu viel, als zu wenig mitteilen wollte. Die Punkte
auf den ersten Seiten bezeichnen genau die Zahl der an
den betreffenden Stellen jetzt fehlenden Buchstaben.

Im Anhang ist der in enger Beziehung zur Dankrede
stehende Brief des Origenes an Gregorios nach der neuesten
Ausgabe der Philokalia des Origenes von Robinson, Cam-
bridge 1893, und nach neuer, von Hans Achelis freundlichst
gemachter Kollation des Briefs im cod. Venet. Marc. 47
(= B) abgedruckt.

Für die Dankrede und für den Brief habe ich geson-
derte Register beigegeben und hierbei auch in philologischem
Interesse nach gröfster Vollständigkeit gestrebt; kann doch
vielleicht die Echtheit oder Unechtheit einer Schrift oder
eines Fragments durch den Sprachgebrauch der Dankrede
entschieden werden.

Die Anmerkungen zum Text sollen vor allem den An-
fängern das Verständnis schwieriger Stellen erleichtern, zum
Teil auch meine Auffassung einiger Stellen darlegen.

---

[1]) Delarue und Lommatzsch zählen nur 18 Kap., da sie Kap.
13 und 14 als eins betrachten.

Folgende A b k ü r z u n g e n bedürfen einer Erklärung:

A = cod. Vaticanus gr. 386.
B = cod. Venet. Marc. gr. 47.
M = cod. Venet. Marc. gr. 45.
P = cod. Parisinus Suppl. Gr. 616.
V = cod. Venet. Marc. gr. 44.
Cas = Isaac Casaubonus (bei Höschel).
Hoe = Höschel in seiner Ausgabe.
JpTh = Jahrbücher für protest. Theologie.
Lom = Lommatzsch, Origenis opp. tom. 25.
Rhod = Laurentius Rhodomanus in der Ausgabe von Höschel.
Rob = J. Armitage Robinson in seiner Philokaliaausgabe.
Voss = Gerhard Vossius in der editio princeps.
⟨ ⟩ bezeichnet Ergänzungen.
[ ] bezeichnet Glosseme.
( ) bezeichnet Parenthesen.
Stellen der Dankrede sind nach Seiten und Zeilen meiner Aus-
    gabe citiert.

Möge die neue Ausgabe der Dankrede mit dazu bei-
tragen, dafs die Kenntnis des Origenes und seines Wirkens
erweitert, und vor allem seine Bedeutung als Lehrer und
Missionar unter den vornehmen und philosophisch gebildeten
Hellenen noch mehr, als bisher, gewürdigt werde!

J e n a , im April 1894.

Paul Koetschau.

ΓΡΗΓΟΡΙΟΥ ΤΟΥ ΘΑΥΜΑΤΟΥΡΓΟΥ

ΕΙΣ

ΩΡΙΓΕΝΗΝ ΠΡΟΣΦΩΝΗΤΙΚΟΣ·

ὃν εἶπεν ἐν Καισαρείᾳ ⟨τῆς⟩ Παλαιστίνης, μετὰ 5
τὴν παρ᾽ αὐτῷ πολυετῆ ἄσκησιν, μέλλων ἀπαλ-
λάττεσθαι ἐπὶ τὴν πατρίδα.

I. (1) ⟨Ἀγαθόν⟩ τι χρῆμα ἡ σιωπὴ τῶν τε ἄλλων πολ-
λοῖς πολλάκις, κἀμοὶ δὲ μάλιστα νῦν, καὶ ἑκόντι καὶ ἄκοντι
ἐπιστομιζομένῳ καὶ σιωπᾶν καταναγκαζομένῳ. (2) ἀμελε- 10
τήτως γὰρ ἔχω καὶ ⟨ἄπειρ⟩ός εἰμι λόγων τῶν καλῶν τούτων
καὶ εὐπρεπῶν, τῶν ὑπὸ τοῖς ἐπιλέκτοις καὶ δοκίμοις ⟨ὀνό⟩-
μασί τε καὶ ῥήμασι κατὰ τὸ ἑξῆς ἀκωλύτῳ τινὶ εἱρμῷ λεγο-
μένων ἢ συνταττομένων· ⟨τά⟩χα μὲν καὶ ἧττον πεφυκὸς τὸ
χαρίεν τουτὶ καὶ Ἑλληνικὸν ὄντως ἔργον διαπονήσασθαι. 15
(3) οὐ μὴν ἀλλὰ καὶ ὀκταετής μοι χρόνος οὗτος ἤδη, ἐξ οὗ

---

4 προσφωνητικός· Α προσφωνητικὸς καὶ πανηγυρικὸς λόγος Voss
8 Ἀγαθόν V ⟨Ἀ⟩σφαλές P Καλόν Voss   Raum für 6—7 Buchst. A
11 ἄπειρίς P ἀνάσκητος V ....ός Α   12 ὀνόμασί P ἐν ὀνό-
μασί V ...μασί Α   14 ἧττον zu ἧττων corr Α¹

οὔτε αὐτὸς εἰπώ⟨ν⟩ τι ἢ γράψας λ⟨ό⟩γον τ⟨ι⟩νὰ μέγαν ἢ
μικρὸν ὅλως τυγχάνω, οὔτε ἄλλου ἤκουσά του ἰδίᾳ γράφον-
τος ἢ λ⟨έ⟩γοντος, ἢ καὶ δημοσίᾳ πανηγυρικοῖς λόγους καὶ
ἀγωνιστικοὺς παρεχομένου, ὅτι μὴ τῶν θαυμασίων τούτων
5 ἀνδρῶν, τῶν τὴν καλὴν φιλοσοφίαν ἀσπασαμένων· (4) οἷς
καὶ αὐτοῖς εἰ⟨ε⟩πείας μὲν ἧττον μέλει καὶ εὐπρεπείας ὀνο-
μάτων· ἐν δευτέρῳ δὲ θέμενοι τὰς φωνὰς, τὰ π⟨ρά⟩γματα
αὐτὰ ὡς ἔχει ἕκαστα διερευνᾶσθαί τε μετὰ ἀκριβείας καὶ
ἐξαγγέλλειν ἐθέλουσιν· (5) οὐχὶ οὐ βουλόμενοι οἶμαι, ἀλλὰ
10 καὶ ἄγαν βουλόμενοι τὰ καλὰ καὶ ἀκριβῆ τῶν νοημάτων
καλῷ καὶ ⟨εὐ⟩ειδεῖ ἐκτυποῦν τῷ λόγῳ· ἀλλ' ἴσως οὐ δυνά-
μενοι οὕτως ἐκ τοῦ προχείρου δύναμιν ⟨ἐν τοῖς⟩ νοήμασι
τὴν ἱερὰν καὶ θεοειδῆ καὶ λόγον τὸν ἐν ταῖς λέξεσιν εὐεπῆ,
δύο ἀνθρώπων ἰδίᾳ ἑκάστου ⟨πλεον⟩εκτήματα, μιᾷ καὶ τῇ
15 αὐτῇ καὶ ταύτῃ μικρᾷ καὶ ἀνθρωπίνῃ περιλαβεῖν ψυχῇ,
ὄντα πως ⟨ἐναντ⟩ιώτατα. (6) εἴ γε νοήσει μὲν καὶ εὑρέσει
φίλον πως καὶ σύνεργόν ἐστι σιωπή· τὸ δὲ εὔλαλον ⟨καὶ
εὔ⟩οχον ἐν λόγῳ οὐκ ἀλλαχόθι ἄν που ζητῶν εὕροις, ἢ ἐν
φωναῖς καὶ τῇ τούτων συνεχεῖ μελέτῃ.
20   (7) ⟨Οὐ μὴν⟩ δὲ ἀλλὰ καί γε τὸν νοῦν ἕτερόν τι μάθημα
δεινῶς ἐπιλαμβάνει, καὶ τὸ στόμα συνδεῖ ⟨τὴν γ⟩λ⟨ῶ⟩τταν, εἴ
τι καὶ μικρὸν εἰπεῖν τῇ Ἑλλήνων ἐθελήσαιμι φωνῇ, οἱ θαυ-
μαστοὶ ἡμῶν ⟨νόμ⟩οι, οἷς νῦν τὰ πάντων τῶν ὑπὸ τὴν
Ῥωμαίων ἀρχὴν ἀνθρώπων κατευθύνεται πράγματα, ⟨οὔτε⟩
25 συγκείμενοι οὔτε καὶ ἐκμανθανόμενοι ἀταλαιπώρως· ὄντες
μὲν αὐτοὶ σο⟨φ⟩οί τε ⟨καὶ ἀκρ⟩ιβεῖς καὶ ποικίλοι καὶ θαυ-

---

11 εὐειδεῖ PV ἀψευδεῖ Voss .. ειδει A   12 ἐν τοῖς] ἐν P
καὶ ἐν V Raum für 3 Buchst. A   16 ἐναντιώτατα V θαυμασιώ-
τατα P ..... ιώτατα A   17 καὶ εὔοχον] καὶ εὔηχον Voss καὶ
ἀγέρωχον P ...χον V ...οχον A   20 οὐ μην δὲ P ...δὲ
V ....δὲ A

μαστοὶ, καὶ συνελόντα εἰπεῖν Ἑλληνικώτατοι· ἐκφρασθέντες
⟨δὲ καὶ⟩ παραδοθέντες τῇ Ῥωμαίων φωνῇ, καταπληκτικῇ
μὲν καὶ ἀλαζόνι καὶ συσχηματιζομένῃ ⟨πάσῃ⟩ τῇ ἐξουσίᾳ
τῇ βασιλικῇ, φορτικῇ δὲ ὅμως ἐμοί. (8) οὐ μὴν ἄλλως πως
οὔτε δυνατὸν ἦν, ⟨οὔτε⟩ βουλητὸν εἶναί μοι εἴποιμ᾽ ἄν ποτε. 5
ἐπειδὴ δὲ οὐδὲν ἕτερον ἢ εἰκόνες τινές εἰσι τῶν ⟨τῆς ψ⟩υχῆς
ἡμῶν παθημάτων αἱ λέξεις ἡμῶν, τοῖς μὲν δυνατοῖς εἰπεῖν
ὥσπερ τισὶν ἀγαθοῖς ⟨ζωγρ⟩άφοις καὶ τέχνῃ μὲν ὅτι τεχνικω-
τάτοις, πλουσίοις δὲ καὶ τῇ τῶν χρωμάτων ὕλῃ, ⟨οὐχ ὁ⟩μοίας
μόνον, ἀλλὰ καὶ ποικίλας καὶ περικαλλεῖς τῷ πολυμιγεῖ 10
τῶν ἀνθῶν γράφειν ⟨ἐξεῖ⟩ναι τὰς γραφὰς, κατὰ μηδὲν ἐμ-
ποδιζομένοις, ὁμολογήσαιμεν.

II. Ἡμεῖς δὲ οἷά τινες ⟨πένη⟩τες, ἀποροῦντες τῶν
ποικίλων τούτων φαρμάκων, καὶ ἤτοι οὐδὲ κτησά⟨με⟩νοι
πώ⟨ποτε⟩ ἢ καὶ ἀποβεβληκότες ἴσως, οἷα ἐξ ἀνθράκων 15
μόνων ἢ ὀστράκων, τῶν συνήθων τούτων ⟨καὶ⟩ κοινῶν ὀνο-
μάτων καὶ ῥημάτων, κατὰ δύναμιν τὴν ἡμετέραν τὰ πρωτό-
τυπα τῶν τῆς ψυχῆς ἡμῶν ⟨παθη⟩μάτων ταῖς ἡμῖν εὐπό-
ροις ὑ⟨πογρά⟩φοντες φωναῖς ἀπομιμώμεθα, ὑποφαίνειν | τοὶς 1ᵛ
χαρακτῆρας τῶν τῆς ψυχῆς τύπων, εἰ καὶ μὴ ἐναργεῖς μηδὲ 20
κεκαλλωπισ⟨μένους⟩, ὡς ἐν ἀνθρακογραφίᾳ γοῦν πειρώμενοι,
εἰ μέν τι καὶ εὐειδὲς καὶ εὔγλωττον ἀπ⟨αντᾷ⟩ ποθεν, ἀσπα-
σάμενοι ἡδέως, ἐπεὶ καὶ περιφρονήσαντες.

(9) Ἀλλὰ γὰρ ἐκ τρίτων αὖθις ἄλλ⟨ο τι⟩ κωλύει τε καὶ
ἀποτρέπει καὶ πολὺ τῶν ἄλλων ἐπέχει μᾶλλον καὶ ἡσυχίαν 25
ἄγειν ἀτεχνῶ⟨ς⟩ προστάττει, ἡ ὑπόθεσις αὕτη, ἧσπερ ἕνεκα
λέγειν προεθυμήθην μὲν, μέλλω ⟨δὲ⟩ καὶ ὀκνῶ. (10) περὶ

---

3 πάσῃ füge ich ein; Raum für 3—4 Buchst. AV
13 πένητες P πάντες V ....τες A 22 ἀπαντᾷ A² am Rand
ἀπ.... A¹ 24 ἄλλο τι Lom ἄλλων P ἄλλα δὴ V ἄλλ... A ἄλλα
δὴ A² am Rand

γὰρ ἀνδρὸς διανοοῖμαί τι λέγειν, φαινομένου μὲν καὶ δο-
κοῦντος ἀνθρώπου, τὸ δὲ πολὺ τῆς ἕξεως τοῖς καθορᾶν
δυναμένοις ἀπεσκευασμένου ἤδη μείζονι παρασκευῇ μετανα-
στάσεως τῆς πρὸς τὸ θεῖον. (11) οὐχὶ δὲ γένος οὐδὲ ἀνα-
5 τροφὰς σώματος ἐπαινέσων ἔρχομαι, εἶτα μέλλω καὶ ἀνα-
βάλλομαι ὑπ' εὐλαβείας περιττῆς, οὐδέ γε ἰσχὺν ἢ κάλλος·
ταῦτα δὴ τὰ τῶν μειρακίων ἐγκώμια, ὧν ἥττων φροντὶς κατ'
ἀξίαν τε καὶ μὴ λεγομένων. (12) πραγμάτων γὰρ οὐ μονί-
μων οὐδὲ ἑστώτων, φθειρομένων δὲ ποικίλως καὶ ταχέως,
10 λόγον ποιεῖσθαί τινα σεμνοειδῶς καὶ ἀξιοπρεπῶς δὴ ταῖς
ἀναβολαῖς, μὴ καὶ ψυχρὸν ἢ πέρπερον ᾖ, οὐκ ἄν μοι τούτων
εἴπερ τι λέγειν προὔκειτο, ἀχρήστων μὲν ὄντων καὶ ματαίων
καὶ οἵων οὐκ ἄν ποτε ἑκὼν προὐθέμην λέγειν· οὐ μὴν ἀλλ'
εἴπερ προὔκειτο, οὔθ' ἡντινοῦν εἶχεν ἂν εὐλάβειαν ὁ λόγος
15 οὐδὲ φροντίδα, μή πῄ τι λέγων ἥττω⟨ν⟩ τῆς ἀξίας φαινοίμην.
(13) νυνὶ δὲ ὅ τι θεοειδέστατον αὐτοῦ, καὶ ὅπερ ἐν αὐτῷ
σ⟨υγ⟩γενὲς ὂν τυγχάνει θεῷ, ἐγκαθειργμένον μὲν τῷ φαινο-
μένῳ καὶ θνητῷ τῷδε, ὅτι δὲ φι⟨λο⟩πονώτατα ἐξομοιοῦσθαι
βιαζόμενον τῷ θεῷ, τούτου μνημονεύων καὶ ἐφάπτεσθαί πως
20 μέλλων πραγμάτων μειζόνων, καί τινος διὰ τούτου καὶ τῆς
εἰς τὸ θεῖον εὐχαριστίας, ὅτι μοι συγκυρῆσαι τοιούτῳ δε-
δώρηται ἀνδρί, παρὰ πᾶσάν γε τὴν ἀνθρώπων προσδο⟨κίαν⟩
τῶν τε ἄλλων καὶ τὴν ἐμοῦ αὐτοῦ, οὔτε προθεμένου ποτὲ
οὔτε καὶ ἐλπίσ⟨αν⟩τος· τοιούτων ἐφάπτεσθαι μέλλων, μικρὸς
25 ὢν καὶ ἄνους παντελῶς, οὐκ εὐλόγως ἀναδύομαί τε καὶ ὀκνῶ
καὶ ἑκὼν σιωπῶ;
(14) Καὶ δῆτα τὴν ἡσυχίαν ἄγειν ἀσφαλές ⟨μοι⟩ κατα-
φαίνεται, μή πῃ προφάσει μὲν εὐχαριστίας, ὑπὸ δὲ προπε-
τείας ἴσως περὶ σεμνῶν καὶ ἱερῶν ἄσεμνά τε καὶ εὐτελῆ καὶ

---

22 προσδοκίαν P προσδόξαν V προσδο... A   26 ἑκὼν σιωπῶ,
A ἑκὼν εἶναι σιωπῶ, V

καταπεπατημένα διεξιών, ού μόνον οὐκ ἐφικνῶμαι τῆς ἀλη-
θείας, ἀλλὰ καὶ καθαιρῶ τι, τό γε ἐπ' ἐμοὶ, παρὰ τοῖς
οὕτως ἔχειν πιστεύουσιν, ὡς ἀσθενὴς ὢν ὁ λόγος, περιϋβρίζων
μᾶλλον ἤπερ ἐξομοιούμενος τοῖς ἔργοις τῇ δυνάμει, ὑπο-
τυπώσεται. (15) καίτοι τὰ μὲν σὰ ἀκαθαίρετα καὶ ἀνύ- 5
βριστα, ὦ φίλη κεφαλή, καὶ πολὺ μᾶλλον τὰ θεῖα, μένοντα
ἐφ' ἑαυτῶν ὡς ἔχει ἀσάλευτα, οὐδὲν βλαπτόμενα ὑπὸ τῶν
μικρῶν καὶ ἀναξίων ἡμετέρων λόγων· (16) ἡμεῖς δὲ οὐκ
οἶδ' ὅπως τὴν τῆς θρασύτητος καὶ προπετείας δόξαν δια-
φευξόμεθα, ἐπιπηδήσαντες ὑπ' ἀνοίας, μικρῷ καὶ νῷ καὶ 10
παρασκευῇ, μεγάλοις καὶ ὑπὲρ ἡμᾶς ἴσως πράγμασι. (17) καὶ
εἰ μὲν ἀλλαχόθι που καὶ ⟨ἐπ'⟩ ἄλλων · τοιαῦτα προεθυμή-
θημεν | νεανιεύσασθαι, θρασεῖς μὲν καὶ οὕτως ἦμεν καὶ 2ʳ
τολμηροί τινες, οὐ μὴν ἀλλ' ἀναίδεια τῆς προπετείας αἰτία,
τῷ μὴ ἐπὶ σοὶ ταῦτα θρασύνεσθαι· (18) νυνὶ δὲ πᾶν τὸ 15
μέτρον τῆς ἀνοίας ἀποπλήσομεν, ἢ καὶ ἀπεπλήσαμεν ἤδη,
ἐπεμβαίνειν τολμήσαντες ἀνίπτοις τοῖς ποσὶ (τοῦτο δὴ τὸ
τοῦ λόγου) ἀκοαῖς, αἷς αὐτὸς ὁ θεῖος λόγος οὐδὲν ἐσκεπασμέ-
νοις, ὡς ταῖς τῶν πολλῶν ἀνθρώπων, τοῖς ποσὶν, ὥσπερ
ὑπὸ παχέων τινῶν δερμάτων, τῶν αἰνιγματωδῶν καὶ ἀσαφῶν 20
λέξεων, ἀλλὰ γυμνοῖς, ὡς ἂν εἴποι τις, σαφὴς καὶ πρόδηλος
ἐμβατεύων ἐνεπιδημεῖ. ἡμεῖς δὲ ὥσπερ ῥύπον ἢ πηλόν τινα
τοῖς ἀνθρωπίνους ἡμῶν λόγοις φέροντες ἐπαντλεῖν ἐτολμή-
σαμεν ἀκοαῖς, θείων καὶ καθαρῶν ἀκούειν μεμελετηκυίαις
φωνῶν. (19) ἆρ' οὖν ἀπόχρη μέχρι τούτου ἁμαρτεῖν, καὶ 25
νῦν γοῦν σωφρονεῖν ἄρξασθαι χρὴ, μηκέτι μὲν περαιτέρω
προβαίνοντας τῷ λόγῳ, αὐτοῦ δὲ καταπαύσαντας; ἐβουλόμην
μέν· (20) οὐ μὴν ἀλλ' ἅπαξ μοι θρασυνομένῳ ἐξέστω τὴν
αἰτίαν πρῶτον εἰπεῖν, ὑφ' ἧς ἐπαρθεὶς ἐπὶ τοῦτον ἦκα τὸν
ἀγῶνα, εἴ πη καὶ συγγνώμη γένοιτό μοι τῆς προπετείας ταύτης. 30

---

26 ἄρξασθαι A ἀπάρξασθαι V

III. (21) Δεινόν μοι ἡ ἀ⟨χ⟩αριστία καταφαίνεται, δεινὸν
καὶ πάνδεινον. (22) παθόντα γάρ τι καλῶς μὴ καὶ ἀμεί-
βεσθαι πειρᾶσθαι, εἰ καὶ μὴ ἄλλως δυνατὸν, εὐχαριστίαις
γοῦν ταῖς διὰ λόγων, ἢ ἀνοήτου πάντη καὶ ἀναισθήτου τῶν
5 εὐεργεσιῶν, ἢ ἀμνήμονος. (23) ὅτῳ δὲ καὶ αἴσθησις καὶ
γνῶσις ὧν ἔπαθε καλῶν προσεγένετο πρῶτον, εἰ μὴ καὶ
μνήμη διασώζεται εἰς τὸν ἔπειτα χρόνον, εἰ μὴ καὶ ἀναφέροι
τινὰ χάριν τῷ ἄρξαντι τῶν ἀγαθῶν, ἀργὸς οὗτος καὶ ἀχά-
ριστος καὶ ἀσεβὴς, ἐξαμαρτάνων οἱ συγγνωστὰ οὔτε μεγάλῳ
10 οὔτε μικρῷ· (24) εἰ μὲν μέγας τίς ἐστι καὶ μεγαλόνους, οὐκ
ἀνὰ στόμα φέρων σὺν πάσῃ εὐχαριστίᾳ καὶ τιμῇ τὰς μεγάλας
αὐτοῦ εὐεργεσίας· εἰ δὲ μικρὸς καὶ εὐκαταφρόνητος, οὐκ
ἀνυμνῶν καὶ εὐφημῶν πάσῃ τῇ αὐτοῦ δυνάμει τὸν οὐ μεγά-
λων μόνον, ἀλλὰ καὶ μικρῶν εὐεργέτην. (25) τοῖς μὲν οὖν
15 μείζοσι καὶ διαβεβηκόσι δυνάμει ψυχῆς, οἷα δὴ ἐκ πλείονος
περιουσίας καὶ μεγάλου πλούτου, μείζους καὶ φιλοτιμοτέρας
ἀναγκαῖον ἀποδιδόναι τοῖς εὐεργέταις τὰς κατὰ δίναμιν
εὐφημίας· (26) τοῖς δὲ μικροῖς καὶ ἐν στενῷ καθεστῶσιν
οὐδ᾽ αὐτοῖς ἀμελεῖν οὐδὲ ῥαθυμεῖν προσῆκον, οὐδ᾽ ἀναπε-
20 πτωκέναι, ὡς οὐδὲν ἄξιον φέρειν οὐδὲ τέλειον δυναμένοις·
(27) ἀλλ᾽ οἷα πένητας μὲν, εὐγνώμονας δὲ, οὐ τὴν τοῦ τιμω-
μένου, τὴν δ᾽ αὐτῶν δύναμιν μετρήσαντας, ἐκ τῆς παρούσης
δυνάμεως ἀναφέρειν τὰς τιμὰς, χαριέσσας ἴσως ἐσομένας καὶ
καταθυμίους τῷ τετιμημένῳ, καὶ οὐκ ἐν δευτέρᾳ χώρᾳ παρ᾽
25 αὐτῷ τῶν μεγάλων καὶ πολλῶν, εἰ σύν τινι προθυμίᾳ μείζονι
καὶ γνώμῃ προσφέροιεν ὁλοκλήρῳ. (28) οὕτως ἐν ἱεραῖς
βίβλοις φέρεται, ὅτι δὴ μικρά τις καὶ πτωχὴ γυνὴ ἅμα
2ʳ πλουσίοις καὶ δυνατοῖς, οἳ προσέφερον ἐκ | τοῦ πλούτου
μεγάλα καὶ πολυτελῆ, μόνη μικρὰ μὲν καὶ ἐλάχιστα, πάντα

---

7 μνήμη A μνήμην vermute ich   22 αὐτῶν A, davor ein
Buchst. getilgt   27 vgl Luc 21, 1—4: Mc 12, 41—44

δὲ ὅμως τὰ ὄντα αὐτῇ συμβαλλομένῃ, τὴν τῆς πλείονος δό-
σεως μαρτυρίαν ἀπηνέγκατο. οὐ γὰρ οἶμαι τῷ ποσῷ τῆς
διδομένης ὕλης, οἴσης ἔξωθεν, ταῖς δὲ προφεροίσαις γνώμαις
μᾶλλον καὶ προαιρέσεσι τὴν φιλοτιμίαν καὶ τὴν μεγαλοπρέ-
πειαν ὁ ἱερὸς λόγος ἐσταθμήσατο. (29) οὐ τοίνυν οὐδὲ ἡμᾶς 5
ἀποκνεῖν πάντῃ προσῆκον δέει τοῦ μὴ ἐξισωθήσεσθαι τὴν
εὐχαριστίαν ταῖς εὐεργεσίαις, ἀλλὰ πᾶν τοὐναντίον τολμᾶν
καὶ πειρᾶσθαι, εἰ καὶ μὴ τὰς ἴσας, τὰς γοῦν δυνατὰς προ-
φέρειν ὡς ἐν ἀμοιβῇ τιμάς· εἴ πως τῶν τελείων διαμαρτά-
νων, τῶν ἐπὶ μέρους γοῦν τεύξηται ἡμῖν ὁ λόγος, τὴν παντελῆ 10
τῆς ἀχαριστίας δόξαν διαδράς. (30) ἄχρηστον γὰρ ἀληθῶς
ἡ παντελῶς σιωπή, ὑπὸ πιθανῷ τῷ τοῦ μὴ δίνασθαι ἄξιόν
τι λέγειν προκαλύμματι· εὔγνωμον δὲ ἡ πεῖρα ἡ πρὸς τὰς
ἀμοιβὰς ἀεί, κἂν ἥττων τῆς ἀξίας δίναμις τοῦ τὴν χάριν
ἀναφέροντος ᾖ. οὐ γὰρ εἰ μὴ κατ᾽ ἀξίαν οἷός τέ εἰμι λέγειν, 15
σιωπήσομαι· ἀλλ᾽ εἰ ἀποπλήσω πάνθ᾽, ἅ μοι δυνατόν ἐστι,
καὶ σεμνυνοῦμαι.

(31) Ἔστω δή μοι ὁ λόγος ὅδε χαριστήριος· θεῷ μὲν τῷ
τῶν ὅλων οὐκ ἂν ἐθελήσαιμι λέγειν· καίτοι γε ἐκεῖθεν ἡμῖν
πᾶσαι μὲν αἱ τῶν ἀγαθῶν ἀρχαί, ἐκεῖθεν δὲ καὶ ἡμᾶς τῶν 20
εὐχαριστιῶν ἢ ὕμνων καὶ αἴνων ἄρχεσθαι χρή. (32) ἀλλὰ
γὰρ οὐδ᾽ εἰ ὅλον ἐμαυτὸν, μὴ οἷος μὲν νῦν εἰμι βέβηλος καὶ
ἀκάθαρτος, ἀναμεμιγμένος καὶ πεφυρμένος παναγεῖ καὶ ἀκα-
θάρτῳ κακῷ, γυμνὸν δὲ αὐτὸν ὅτι καθαρώτατον λαμπρότατόν
τε καὶ εἰλικρινέστατον καὶ ἀμιγῆ παντὸς χείρονος, οὐδ᾽ εἰ 25
ὅλον, φημὶ, γυμνὸν ὥσπερ τινὰ γενόμενον φέρων ἐπιδοίην,
φέροιμι ἄν τι παρ᾽ ἐμαυτοῦ δῶρον ἄξιον εἰς τιμὴν καὶ
ἀμοιβὴν τῷ πάντων ἡγεμόνι καὶ αἰτίῳ· (33) ὃν οὔτε ἰδίᾳ

---

24 δὲ αὐτὸν] δ᾽ ἐμαυτὸν Hoe δὲ αὐτὸν A			25 καὶ ἀμιγῆ A¹
corr aus ὦν τυγχάνω καὶ ἀμιγὴς			26 γενόμενον] γενόμενον
⟨νέον⟩ Cas

ἕκαστος πώποτε, οὔτε καὶ ἅμα πάντες, ὡς εἰ ἓν καὶ ταὐτὸ
γένοιντο πάντα καθαρά, αὐτῶν μὲν ἐκστάντα, πρὸς αὐτὸν δὲ
ἐπιστρέψαντα μᾶλλον, ἀθρόα ἑνὶ πνεύματι καὶ μιᾷ ὁρμῇ
τῇ συμφώνῳ, ἀξίως ἂν εὐφημῆσαι δύναιντο. (34) ὅ τι γὰρ
5 τῶν αὐτοῦ δημιουργημάτων καὶ διανοηθῆναί τις ἄριστα καὶ
ὁλοκλήρως καὶ, εἰ οἷόν τε, εἰπεῖν κατ᾽ ἀξίαν περὶ αὐτοῦ
δυνηθείη· αὐτῆς δὲ τῆς δυνάμεως ἕνεκεν, ἧς ἠξίωται οὐ
παρ᾽ ἄλλου του, παρ᾽ αὐτοῦ δὲ λαβών, οὐκ ἔσθ᾽ ὅπως ἂν
ἄλλο τι μεῖζόν ποθεν εὐπορήσας εἰς εὐχαριστίαν ἀναθείη.
10 IV. (35) Ἀλλὰ τὰς μὲν εἰς τὸν πάντων βασιλέα καὶ
κηδεμόνα, τὴν διαρκῆ πηγὴν πάντων ἀγαθῶν, εὐφημίας καὶ
ὕμνους τῷ κἂν τούτῳ τὴν ἀσθένειαν ἡμῶν ἰωμένῳ καὶ τὸ
ἐνδέον ἀναπληροῦν μόνῳ δυναμένῳ ἐπιτρέψομεν, τῷ προ-
στάτῃ τῶν ἡμετέρων ψυχῶν καὶ σωτῆρι, τῷ πρωτογενεῖ
15 αὐτοῦ λόγῳ, τῷ πάντων δημιουργῷ καὶ κυβερνήτῃ· (36) αὐτῷ
3ʳ μόνῳ ὑπέρ τε ἑαυτοῦ καὶ ὑπὲρ πάντων, | ἰδίᾳ τε ἑκάστου
καὶ ἀθρόον ἅμα, δυνατὸν ὂν ἀναπέμπειν διηνεκεῖς καὶ ἀδια-
λείπτους τῷ πατρὶ τὰς εὐχαριστίας. ὅτι αὐτὸς ἡ ἀλήθεια
ὢν καὶ ἡ αὐτοῦ τοῦ πατρὸς τῶν ὅλων καὶ σοφία καὶ δύνα-
20 μις, πρὸς δὲ καὶ ἐν αὐτῷ ὢν καὶ πρὸς αὐτὸν ἀτεχνῶς ἡνω-
μένος, οὐκ ἔστιν ὅπως ἢ διὰ λήθην ἢ ἀσόφως ἢ ὑπ᾽ ἀσθε-
νείας τινός, ὥσπερ τις ἀπεξενωμένος αὐτοῦ, ἢ οὐκ ἐφίξεται
τῇ δυνάμει τῆς εὐφημίας, ἢ ἐφίξεται μὲν, ἑκὼν δὲ (ὃ μὴ
θέμις εἰπεῖν) ἐάσει τὸν πατέρα ἀνευφήμητον· (37) μόνῳ
25 τούτῳ δυνατὸν ὂν τελειότατα πᾶσαν ἀποπληρῶσαι τὴν ἀξίαν
τῶν αὐτῷ προσηκόντων αἴνων· ὅντινα αὐτὸς ὁ τῶν ὅλων

---

1 πάντες A¹ πάντας corr A² ὡς εἰ] ὡσεὶ A   2 αὐτῶν Lom
αὐτῶν A   15—20 A¹ am Rand: οὐκ ἀσφαλὲς τοῦτο ὡς ἐμαυτὸν
πείθω   18 αὐτὸς corr aus αὐτὴ A¹ vgl Joh 14, 6
19 ὢν corr aus ἡμῶν A¹ vgl I Kor 1, 24   20 vgl Joh 14, 10
23 τῆς εὐφημίας A¹ am Rand τῆς δυνάμεως im Text   24 μόνῳ
τούτῳ A¹ corr aus μόνον οὕτω

πατὴρ ἓν πρὸς αὑτὸν ποιησάμενος, δι' αὑτοῦ μονονουχὶ
αὑτὸς αὑτὸν ἐκπεριϊὼν, τῇ ἴσῃ πάντῃ δυνάμει τῇ αὑτοῦ
τρόπον τινὰ τιμιῴη καὶ τιμῶτο· ὕπερ πρῶτος καὶ μόνος
ἔχειν ἔλαχεν ἐκ πάντων τῶν ὄντων ὁ μονογενὴς αὑτοῦ, ὁ ἐν
αὑτῷ θεὸς λόγος· (38) τῶν ἄλλων πάντων οὕτω μόνον εὐχα- 5
ρίστων καὶ εὐσεβῶν εἶναι δυναμένων, εἰ ἐπ' αὑτῷ φέροντες
μόνῳ ἀντὶ πάντων τῶν παρὰ τοῦ πατρὸς ἡμῖν ἀγαθῶν τὴν
δύναμιν τῆς ἀξίας εὐχαριστίας ἀναθήσομεν, μίαν ὁδὸν εὐσε-
βείας ταύτην εἶναι ὁμολογήσαντες, τὴν δι' αὑτοῦ πᾶσαν
μνήμην τοῦ τῶν ὅλων αἰτίου. (39) διὸ δὴ τῆς μὲν ἐπὶ πᾶσι 10
διαρκοῖς προνοίας, ἔν τε μεγίστοις καὶ ἐν τοῖς ἐλαχίστοις
κηδομένης ἡμῶν καὶ εἰς τοῦτό γε προαγομένης, ἐκεῖνος ἄξιος,
διαρκὴς εἶναι λόγος εἰς εὐχαριστίας καὶ ὕμνοις ὁμολογείσθω,
τελειότατος ὢν καὶ ζῶν, καὶ αὐτοῦ τοῦ πρώτου νοῦ λόγος
ἔμψυχος ὤν.   15
    (40) Ὁ δ' ἡμέτερος οὗτος ἔστω χαριστήριος ἀνθρώπων
μὲν πάντων μάλιστα τῷ ἀνδρὶ τῷ ἱερῷ τῷδε· εἰ δέ τι καὶ
περαιτέρω μεληγορεῖν ἐθέλοιμι, καὶ τῶν οἳ φαινομένων μὲν,
θειοτέρων δὲ καὶ κηδομένων ἀνθρώπων, τούτῳ, ὅς με ἐκ
παίδων κρίσει τινὶ μεγάλῃ οἰκονομεῖν τε καὶ τιθηνεῖσθαι 20
καὶ ἐπιτροπεύειν ἐκληρώσατο, (41) ἱερὸς ἄγγελος θεοῦ, ὁ
τρέφων με ἐκ νεότητός μου, φησὶν ἐκεῖνος ὁ θεῷ φίλος
ἀνὴρ, τὸν αὑτοῦ λέγων δηλαδή. (42) ἀλλ' ὁ μὲν μέγας ὢν
ἀναλόγως μέγιστόν τινα, ἤτοι ἄλλον ὅστις ἂν ⟨ᾖ,⟩ ἢ καὶ
αὐτὸν ἴσως τὸν τῆς μεγάλης βουλῆς ἄγγελον, τὸν κοινὸν 25
πάντων σωτῆρα, ὑπὸ τελειότητος μόνον ἤδη φύλακα αὐτῷ
εἶναι κληρωσάμενος, οὐκ οἶδα τοῦτο σαφῶς, πλὴν ὁ μὲν τὸν

---

1 u. 2 αὑτὸν] αὐτὸν A   2 ἐκπεριϊὼν Cas ἐκπεριὼν A
18 μεληγορεῖν A μεγαληγορεῖν P Cas   21—22 Gen 48, 15
    23 αὑτοῦ Hoe αὐτοῦ A   24 ἂν ᾖ P V ἂν dahinter 2 Buchst.
ausradiert A   25 Jes 9, 6

ἑαυτοῦ μέγαν τινά, ὅστις ποτ᾽ ἂν ᾖ, καὶ γινώσκων καὶ εὐφη-
μῶν· (43) ἡμεῖς δὲ πρὸς τῷ κοινῷ πάντων ἀνθρώπων
κυβερνήτῃ καὶ τοῦτον, ὅστις ποτ᾽ ἐστὶν ἰδίᾳ παιδαγωγὲς
ἡμῶν ὄντων νηπίων. (44) ὃς τά τε ἄλλα πάντῃ πάντα ἀγαθὸς
5 ὢν τροφεὺς καὶ κηδεμὼν ἐμὸς (οὐχὶ ἐμοὶ ἤ τινι τῶν ἐμοὶ
προσηκόντων φίλων, τυφλοὶ γὰρ ἡμεῖς καὶ μηδὲν τῶν ἔμ-
προσθεν ὁρῶντες, ὥστε τι καὶ κρίνειν δύνασθαι τῶν δεόντων·
ἀλλ᾽ ᾖ αὐτῷ, προορωμένῳ πάντα τὰ πρὸς ὠφέλειαν τῆς
ψυχῆς ἡμῶν, συμφέρον εἶναι καταφαίνεται) πάλαι τε καὶ
3ᵛ νῦν ἔτι ἐκτρέφει | τε καὶ παιδεύει καὶ χειραγωγεῖ, (45) καὶ
δὴ πρὸς πᾶσι τοῖς ἄλλοις καὶ συνάψαι με τῷ ἀνδρὶ τούτῳ
(τοῦτο δὴ τὸ κεφαλαιωδέστατον πάντων) ᾠκονομήσατο, οὔτε
γένει καὶ αἵματί μοι ἀνθρωπίνῳ τινὶ προσήκοντα, οὔτε ἄλ-
λως προσοικοῦντα ἢ ὄντα τινὰ τῶν πλησιοχώρων, οὔτε καὶ
15 ὁμοεθνῆ ὅλως, ταῦτα δὴ ἃ πρόφασις φιλίας καὶ γνώσεως
τοῖς πολλοῖς τῶν ἀνθρώπων γίνεται· (46) ἀλλὰ συνελόντα
εἰπεῖν ἀγνώστοις, ἀλλοτρίοις, ἀπεξενωμένους, ἀλλήλων ἀφε-
στηκότας πάμπολυ, ὅσον μέσα ἔθνη καὶ ὄρη καὶ ποταμοὺς
διείργειν ἡμᾶς, ὑπὸ τῆς θείας ὄντως καὶ σοφῆς προμηθείας
20 εἰς ταὐτὸν ἀγαγὼν, τὴν σωτήριον ἐμοὶ σύνοδον ταύτην ἐμη-
χανήσατο· ἄνωθεν τοῦτο προμηθούμενος οἶμαι ἐκ πρώτης
γενέσεως καὶ ἀνατροφῆς. (47) πῶς δέ, μακρὸν ἂν εἴη διε-
ξιέναι, οὐχὶ ἀκριβολογουμένῳ μόνον καὶ μηδὲν παραλιπεῖν
πειρωμένῳ· ἀλλ᾽ εἰ καὶ τὰ πολλὰ παρείς, ἀθρόως ὀλίγων
25 τῶν κεφαλαιωδεστέρων μνημονεύειν ἐθελήσαιμι.

V. (48) Ἀνατροφαὶ γὰρ αἱ πρῶται ἐκ γενέσεως ἦσαν
ὑπὸ γονεῦσι, καὶ πάτρια ἔθη τὰ πεπλανημένα· ὧν ἡμᾶς
ἐλευθερωθήσεσθαι οὔτε ἄλλος οἶμαι προσεδόκησεν, οὔτε καὶ
ἐμοὶ ἐλπίς τις ἦν, παιδίῳ μὲν ὄντι καὶ ἀλόγῳ, ὑπὸ πατρὶ

---

5 οὐχὶ A οὐχ ᾖ vermute ich   8 ᾖ schreibe ich ᾖ A
15 γνώσεως A ἐνώσεως Voss Bengel

δὲ δεισιδαίμονι. (49) εἶτα πατρὸς ἀποβολὴ καὶ ὀρφανία,
ἢ δή μοι τάχα καὶ ἀρχὴ τῆς τοῦ ἀληθοῦς ἐπιγνώσεως ἦν.
(50) τότε γὰρ πρῶτον ἐπὶ τὸν σωτήριον καὶ ἀληθῆ μετετέθην
λόγον, οὐκ οἶδ᾽ ὅπως, κατηναγκασμένος μᾶλλον ἤπερ ἑκών.
τίς γὰρ ἐμοὶ κρίσις ἦν, ὄντι τεσσαρεσκαιδεκαετεῖ; πλὴν ἐξ 5
ἐκείνου πως ἐπιδημεῖν μέν μοι ὁ ἱερὸς ὅδε λόγος ἤρξατο
εὐθὺς, οἷα δὴ ἄρτι πληρουμένου τοῦ κοινοῦ πάντων ἀνθρώ-
πων λόγου, ἐπεδήμει δ᾽ ὅμως τότε πρῶτον. (51) ὃ δὴ καὶ
οὐ μικρὸν, εἰ καὶ μὴ πάλαι, νῦν γοῦν ἀναλογιζόμενος ἐγὼ
σύμβολον τίθεμαι τῆς ἱερᾶς καὶ θαυμαστῆς περὶ ἐμὲ προ- 10
νοίας, τὴν συνδρομὴν ταύτην οὕτως τοῖς ἔτεσι διηριθμημένην·
(52) ἵνα τὰ μὲν φθάνοντα πάντα τήνδε τὴν ἡλικίαν, ὅσα
πλάνης ἦν ἔργα, νηπιότητι καὶ ἀλογίᾳ παραδεδομένα ᾖ, μὴ
μάτην δὲ ὁ ἱερὸς παραδοθῇ λόγος ψυχῇ οὐδέπω λογικῇ,
(53) λογικῇ δὲ ἤδη γενομένῃ, εἰ καὶ μὴ λόγου θείου καὶ 15
καθαροῦ, φόβου γοῦν τοῦ κατὰ τὸν λόγον τόνδε μὴ ἔρημος ᾖ,
ἀλλ᾽ ὁμοῦ ὅ τε ἀνθρώπινος καὶ ὁ θεῖος ἄρξηται ἐν ἐμοὶ
λόγος, ὁ μὲν βοηθῶν τῇ ἀλέκτῳ μὲν ἐμοὶ οἰκείᾳ δὲ αὐτῷ
δυνάμει, ὁ δὲ βοηθούμενος. (54) ὃ δὴ λογιζόμενον εὐφρο-
σύνης ὁμοῦ καὶ δέους ἀναπίπλησί με, μεγαλυνόμενον μὲν τῇ 20
προαγωγῇ, φοβούμενον δὲ, μή πη καὶ τοιούτων ἀξιωθεὶς
τοῦ τέλους ὁμοίως σφαλῶ. (55) ἀλλὰ γὰρ οὐκ οἶδ᾽ ὅπως
ἐνεβράδυνέ μοι τῷδε τῷ μέρει ὁ λόγος, τὴν θαυμαστὴν οἰκονο-
μίαν πρὸς τὸν ἄνδρα τόνδε ὁδῷ διηγήσασθαι θέλων, σπεύ-
δων δὲ ὅμως πρότερον καὶ βραχυλογούμενος ἐπὶ τάδε τὰ 25
ἑξῆς, οὐχ ὡς εὐφημίαν ὀφειλομένην τῷ οὕτως οἰκονομήσαντι
ἀποδιδοὺς | ἢ εὐχαριστίαν καὶ εὐσέβειαν (μὴ φορτικοὶ ὦμεν 4ʳ
οὕτως ὀνομάζοντες μὲν, ἄξιον δὲ λέγοντες οὐδέν)· ἀλλ᾽ ὡς

---

15 λογικῇ δὲ ἤδη γενομένη A   λογικὴ δὲ ἤδη γενομένη Bengel
am Rand   27 ὦμεν nach Bengels Vermutung   μὲν A

διήγησιν καὶ ὁμολογίαν ἤ τι τῶν ἐπιεικεστέρων τούτων ὀνο-
μάτων ποιούμενος.

(56) Ἐδόκει τῇ μόνῃ ἐκ τῶν γονέων κήδεσθαι ἡμῶν
παραλειπομένῃ μητρὶ τ᾽ ἄλλα ἐκπαιδευομένοις, οἷα παῖδας
5 οὐκ ἀγενῶς δῆθεν καὶ φύντας καὶ τρεφομένοις, φοιτᾶν καὶ
ῥήτορι, ὡς δὴ ῥήτορας ἐσομένοις. καὶ δῆτα ἐφοιτῶμεν, καὶ
ῥήτορας μὲν οὐκ εἰς μακρὰν ἔσεσθαι ἡμᾶς ἔλεγον οἱ τότε
κρίνοντες οὕτως· οὐκ ἔγωγε τοῦτο λέγειν οὔτε οἶδα, οὔτ᾽
ἂν θελήσαιμι· (57) λόγος δὲ οὐδεὶς ἦν τούτων, οὐδέ τις
10 καταβολὴ οὐδέπω τῶν τῇδε φέρειν ἡμᾶς δυναμένων αἰτιῶν.
ἀλλὰ γὰρ ἄγρυπνος ὢν ὁ θεῖος παιδαγωγὸς καὶ ἀληθὴς
κηδεμὼν, οὔτε τῶν οἰκείων διανοουμένων οὔτε καὶ ἐμοῖ
αὐτοῖ προθυμουμένοι, (58) ἐπῆν συμβαλών τινι τῶν ἐμῶν
διδασκάλων, ἄλλως τὴν Ῥωμαίων φωνὴν ἐκπαιδεύειν με πε-
15 πιστευμένῳ (οὐχ ὡς ἐπ᾽ ἄκρον ἥξοντα, ὡς δὲ μὴ ἄπειρος
εἴην πάντῃ καὶ τῆσδε τῆς φωνῆς· ἔτυχε δὲ νόμων οὐκ
ἄπειρος ὤν)· (59) τοῦτο ἐπὶ νοῦν βαλὼν, προὐτρέψατό με
δι᾽ αὐτοῦ τοὺς Ῥωμαίων ἐκμανθάνειν νόμους. καὶ λιπαρῶς
γε τοῦτ᾽ ἐποίει ὁ ἀνὴρ ἐκεῖνος· κἀγὼ μέντοι ἐπειθόμην,
20 τἀνδρὶ μᾶλλον χαριζόμενος ἥπερ τῆς τέχνης ἐραστὴς ὤν.
(60) ὁ δέ με λαβὼν ἀκροατὴν, φιλοτίμως μὲν διδάσκειν
ἤρχετο· ἐπεφθέγξατο δέ τι, ὅ μοι ἀληθέστατα πάντων ἀπο-
βέβηκε· μέγιστον ἔσεσθαί μοι ἐφόδιον (τοῦτο γὰρ τοὔνομα
ἐκεῖνος ὠνόμασεν), εἴτε τις ῥήτωρ τῶν ἐν τοῖς δικαστηρίοις
25 ἀγωνιουμένων, εἴτε καὶ ἄλλος τις εἶναι θελήσαιμι, τὴν μά-
θησιν τῶν νόμων. (61) ὁ μὲν οὕτως ἀπεφθέγξατο, τείνων
εἰς τὰ ἀνθρώπινα τὸν λόγον· ἐμοὶ δ᾽ ἀτεχνῶς ὑπό τινι

---

5 ἀγενῶς Voss Hoe ἀγεννῶς Hoe am Rand ἀγενῶς A, doch hinter
ν ein Buchst. ausradiert   13 ἐπῆν συμβαλών A ἐπὶ νοῦν βαλών
Cas   17 τοῦτο A τούτῳ Cas   22 ἐπεφθέγξατο A ἀπεφθέγξατο
Bengel am Rand

θειοτέρα ἐπιπνοίᾳ ἀποφοιβάσαι δοκεῖ τῆς αὐτοῦ ὑπολήψεως.
(62) ἐπεὶ γὰρ ἐξεπαιδευόμην ἑκὼν καὶ ἄκων τοὺς νόμους
τούσδε, δεσμοὶ μέν πως ἤδη κατεβέβληντο, καὶ αἰτία καὶ
ἀφορμὴ τῆς ἐπὶ τάδε ὁδοῦ ἡ τῶν Βηρυτίων πόλις· ἡ δὲ οὐ
μακρὰν ἀπέχουσα τῶν ἐνταῦθα πόλις Ῥωμαϊκωτέρα πως, 5
καὶ τῶν νόμων τούτων εἶναι πιστευθεῖσα παιδευτήριον.
(63) τὸν δ᾽ ἱερὸν τοῦτον ἄνδρα ἐκ τῆς Αἰγύπτου ἐκ τῆς
Ἀλεξανδρέων πόλεως, ἔνθα τὴν ἑστίαν ἔχων ἔτυχε πρότερον,
καὶ αὐτὸν ἐκίνει καὶ μετανίστη ἐπὶ τόδε τὸ χωρίον, ὥσπερ
ἀπαντήσοντα ἡμῖν, ἕτερα πράγματα, οὐκ ἔγωγε καὶ ταῦτα 10
αἰτιολογεῖσθαι οὔτε οἶδα καὶ ἑκὼν παρήσω. (64) οὐ μὴν
ἀλλ᾽ οὔπω γε τῆς ἐνθάδε μοι ἀφίξεως καὶ τῆς πρὸς τὸν
ἄνδρα συμπλοκῆς οὐδὲν οὕτως ἀναγκαῖον ἦν, ὅσον ἐπὶ τοῖς
νόμοις ἡμῶν, δυνατὸν ὂν καὶ ἐπὶ τὴν Ῥωμαίων ἀποδημῆσαι
πόλιν. (65) πῶς οὖν καὶ τοῦτο ἐξεπορίσθη; κηδεστήν μου 15
ἄνδρα ἀδελφῆς ἐμῆς ὁ τότε ἄρχων τῶν Παλαιστίνων, τοῦτον
παραλαβὼν ἐξαίφνης ἄκοντα μόνον, | κεχωρισμένον τῆς ὁμο- 4ᵛ
κοίτου, ἤγαγεν ἐνταῦθα, συνεπιβοηθήσοντα καὶ κοινωνήσοντα
τῶν τοῦ ἔθνους ἄρχοντος πόνων· νομικὸς γάρ τις ἦν, καὶ
ἔστιν ἴσως ἔτι· (66) ὃς δὴ ἐλθὼν ἅμα αὐτῷ ἔμελλε μὲν 20
οὐκ εἰς μακρὸν μετάπεμπτον ἀπολήψεσθαι τὴν γυναῖκα,
ἐπαχθῶς αὐτῆς καὶ ἄκων κεχωρισμένος, καὶ ἡμᾶς δὲ ἅμα
αὐτῇ συνεπισπώμενος. (67) ἐξαίφνης γοῦν οὐκ οἶδ᾽ ὅπως
ἀποδημεῖν μέν, ἀλλ᾽ ἑτέρωθί ποι μᾶλλον ἀποδημεῖν ἤπερ
ἐνταῦθα διανοουμένοις ἡμῖν ἐπέστη στρατιώτης φέρων ἐν- 25
τολήν, παραπέμπειν μὲν καὶ διασώζεσθαι τὴν ἀδελφὴν ἡμῶν
καταλαμβάνουσαν τὸν ἄνδρα, ἄγειν δὲ καὶ ἡμᾶς συνοδοι-
πόρους ἅμ᾽ αὐτῇ· (68) χαριουμένους μὲν καὶ τῷ κηδεστῇ,

5 ἀπέχουσα P Hoe am Rand ἀποχέουσα A   7 τῆς Αἰγύπτου
A γῆς Αἰγύπτου Bengel am Rand   28 χαριουμένους] hinter ι ein
Buchst. ausradiert ου übergeschr. A

καὶ μάλιστα τῇ ἀδελφῇ, ὅπως μὴ οὐκ εὐσχήμων τε ἢ ὀκνη-
ροτέρα πρὸς τὴν ὁδοιπορίαν ᾖ, οἰκέταις αὐτοῖς καὶ τοῖς συγ-
γενέσι τιμήσασι, καὶ οἳ μικρόν τι ἕτερον τῶν προὔργου
διαπραξαμένοις, εἰ ἐπὶ τὴν Βηρυτίων ἔλθοιμεν πόλιν, ἐκεῖ
5 τὸ τῶν νόμων μάθημα ἐκπονήσαντες. (69) πάντα τοιγαροῦν
ἐκίνει ἡμᾶς, τὸ πρὸς τὴν ἀδελφὴν εὔλογον, τὸ ἡμέτερον αὐτῶν
μάθημα, πρὸς δὲ καὶ ὁ στρατιώτης (ἐπεὶ καὶ τούτου μνη-
μονεῦσαι δεῖ), φέρων ἐξουσίαν πλειόνων τῶν δημοσίων ὀχη-
μάτων τῆς χρήσεως, καὶ σύμβολα πλείονος ἀριθμοῦ ἡμῶν
10 μᾶλλον ἢ τῆς ἀδελφῆς μόνης ἕνεκα. (70) φαινόμενα μὲν
ταῦτα· τὰ δὲ μὴ φαινόμενα μὲν ἀληθέστερα δέ, ἡ πρὸς τὸν
ἄνδρα τοῦτον κοινωνία, τὴν ἀληθῆ δι᾽ αὐτοῦ περὶ τὰ τοῦ
λόγου μαθήματα, ἡ τῶν ψυχῶν ἡμῶν ὠφέλεια εἰς σωτηρίαν
ἦγεν ἡμᾶς ἐπὶ τάδε, τυφλώττοντας μὲν καὶ οὐκ εἰδότας,
15 σωτηριωδῶς δὲ ἡμῖν. (71) τοιγαροῦν οὐχ ὁ στρατιώτης, θεῖος
δέ τις συνοδοιπόρος καὶ πομπὸς ἀγαθὸς καὶ φύλαξ, ὁ διὰ
παντὸς τοῦ βίου τούτου ὥσπερ μακρᾶς ὁδοιπορίας διασώζων
ἡμᾶς, παραμειψάμενος τά τε ἄλλα καὶ τὴν Βηρυτόν, ἧς μά-
λιστα ⟨ἕνεκα⟩ ὁρμᾶν ἐνταῦθα ᾠήθημεν, ἐνταῦθα φέρων κατε-
20 στήσατο· πάντα ποιῶν καὶ κινῶν, ἕως πάσῃ μηχανῇ τῷ τῶν
πολλῶν ἡμῖν ἀγαθῶν αἰτίῳ τούτῳ συνδήσεται. (72) καὶ ὁ
μὲν, διὰ τοσούτων ἐλθὼν τὴν οἰκονομίαν παραδιδοὺς τούτῳ,
ὁ θεῖος ἄγγελος ἐνταῦθά που καὶ ἴσως ἀνεπαύσατο, οὐχ ὑπὸ
καμάτου τινὸς ἢ μόχθου (ἀκάματον γὰρ τὸ τῶν θείων λειτουρ-
25 γῶν γένος), ἀλλ᾽ ὅτι παρέδωκεν ἀνθρώπῳ, πᾶσαν εἰ δυνατὸν
πρόνοιαν καὶ ἐπιμέλειαν ἀποπλήσοντι.

VI. (73) Ὁ δ᾽ ὑποδεξάμενος ἐξ ἡμέρας τῆς πρώτης.
τῆς ὄντως ἐμοὶ πρώτης, τῆς τιμιωτάτης πασῶν, εἰ δεῖ λέγειν.
ἡμερῶν, ὅτε μοι πρῶτον ὁ ἀληθινὸς ἀνατέλλειν ἥλιος ἤρξατο,

---

5 ἐκπονήσαντες A ἐκπονήσοντες Cas   14 ἐπὶ τάδε Bengel am
Rand ἔπειτα δὲ A   19 ⟨ἕνεκα⟩ füge ich ein, vgl Cap IX (115)

πρῶτον μὲν, ὥσπερ θῆράς τινας ἀγρίους ἢ ἰχθύας ἤ τινας
ὄρνεις, ἐμπεσόντας μὲν εἰς τὰς ἄρκυς ἤ εἰς τὰς σαγήνας,
ἐξολισθαίνειν δὲ καὶ ἀποδιδράσκειν πειρωμένους, ἀναχωρεῖν
τε ἀπ᾽ αὐτοῦ βουλομένους ἐπὶ τὴν Βηρυτὸν | ἤ ἐπὶ τὴν
πατρίδα, (74) συνδήσασθαι πάντα τρόπον ἐμηχανήσατο· 5
πάντας λόγους στρέφων καὶ πάντα κάλων (τοῦτο δὴ τὸ τοῦ
λόγου) κινῶν καὶ πάσας τὰς δυνάμεις αὐτοῦ προχειριζόμενος·
(75) ἐπαινῶν μὲν φιλοσοφίαν καὶ τοὺς φιλοσοφίας ἐραστὰς
μακροῖς τοῖς ἐπαίνοις καὶ πολλοῖς τοῖς τε προσήκουσι, τού-
τους μόνους ζῆν ὄντως τὸν λογικοῖς προσήκοντα βίον λέγων, 10
τοὺς ὀρθῶς βιοῦν ἐπιτηδεύοντας, ἑαυτούς τε γινώσκοντας
πρῶτον οἵτινές εἰσι, κἄπειτα τὰ ὄντως ἀγαθά, ἃ μεταδιώκειν
ἄνθρωπον χρὴ, καὶ τὰ ἀληθῶς κακά, ὧν ἀποτρέχειν δεῖ·
(76) ψέγων δὲ τὴν ἀμαθίαν καὶ πάντας τοὺς ἀμαθεῖς· πολλοὶ
δὲ οὗτοι, ὅσοι θρεμμάτων δίκην τυφλώττοντες τὸν νοῦν, οὐδ᾽ 15
αὐτὸ τοῦτο ὅπερ εἰσὶν ἐγνωκότες, ὥσπερ ἄλογοι πεπλανη-
μένοι, ἀγαθὸν ἢ κακὸν ὅ τι ποτέ ἐστιν ὅλως οὔτε εἰδότες
αὐτοὶ οὔτε μαθεῖν θέλοντες, ὡς ἐπὶ ἀγαθὸν ἄττουσι καὶ
ἐπτόηνται χρήματα καὶ δόξας καὶ τιμὰς τὰς ἀπὸ τῶν πολλῶν
καὶ τὴν τοῦ σώματος εὐεξίαν, (77) αὐτά τε περὶ πολλοῦ καὶ 20
τοῦ παντὸς τιθέμενοι, καὶ τῶν τεχνῶν, ὅσαι ταῦτα ἐκπορί-
ζεσθαι δύνανται, καὶ τῶν βίων, ὅσοι ταῦτα παρέξονται,
στρατιὰς καὶ τὴν δικανικὴν καὶ ἐκμάθησιν τὴν τῶν νόμων·
ταῦθ᾽ ἅπερ ἡμᾶς ἀνέσειε μάλιστα λέγων καὶ μάλα τεχνικῶς,
τοῦ κυριωτάτου, φησὶ, τῶν ἐν ἡμῖν, λόγου ἀμελήσαντας. 25
(78) οὐκ ἔχω νῦν ἐγὼ λέγειν, ὅσας τοιαύτας ἐξήχει φωνὰς
προτρέπων φιλοσοφεῖν, οὐ μιᾶς ἡμέρας μόνης, ἀλλὰ καὶ
πλειόνων ὅσων αὐτῷ προσήειμεν τῶν πρώτων, βεβλημένοι
μὲν ὥσπερ τινὶ βέλει τῷ παρ᾽ αὐτοῦ λόγῳ καὶ ἐκ πρώτης
ἡλικίας (ἦν γάρ πως καὶ ἡδείᾳ τινὶ χάριτι καὶ πειθοῖ καὶ 30

---

30 ἡλικίας Α ὁμιλίας Cas

τινι ἀνάγκῃ μεμιγμένος), στρεφόμενοι δέ πως ἔτι καὶ λογι-
ζόμενοι, καὶ φιλοσοφεῖν μὲν προσκαρτερήσαντες οὐδέπω
πάντῃ πεπεισμένοι, ἀφίστασθαι δὲ πάλιν οὐκ οἶδ᾽ ὅπως οὐ
δυνάμενοι, ἀεὶ δὲ ὥσπερ ὑπό τισιν ἀνάγκαις μείζοσι τοῖς
5 λόγοις αὐτοῦ πρὸς αὐτὸν ἑλκόμενοι. (79) ὅλως γὰρ οὐδ᾽
εὐσεβεῖν εἰς τὸν τῶν ὅλων δεσπότην (τοῦτο ὃ δὴ μόνος τῶν
ἐπὶ γῆς πάντων ζῴων ὁ ἄνθρωπος ἔχειν ἐτιμήθη τε καὶ
ἠξιώθη, καὶ εἰκότως πᾶς ὁστισοῦν καὶ σοφὸς καὶ ἀμαθὴς
περιέχεται τούτου, ὅστις μὴ παντελῶς τὰς ἐννοίας ἀπολώλεκεν
10 ὑπό τινος φρενοβλαβείας), οὐ τοίνυν οὐδὲ εὐσεβεῖν ὅλως
δυνατὸν εἶναι ἔφασκεν, ὀρθῶς λέγων, μὴ φιλοσοφήσαντι·
(80) ἕως πολλοὺς τοιούτους ἄλλους ἐπ᾽ ἄλλοις ἐπαντλῶν
λόγους, ὥσπερ τινὰς καταγεγοητευμένους, ἐπὶ τέλει ταῖς
αὐτοῦ τέχναις ἀκινήτους ἀτεχνῶς φέρων ἡμᾶς παριδρύσατο
15 λόγοις τοῖς αὐτοῦ, οὐκ οἶδ᾽ ὅπως, σύν τινι θείᾳ δυνάμει.

(81) Καὶ γὰρ καὶ φιλίας ἡμῖν κέντρον ἐνέσκηψεν, οὐκ
εὐκαταγώνιστόν τι, δριμὺ δὲ καὶ ἀντικώτατον, δεξιότητος
καὶ διαθέσεως τῆς ἀγαθῆς, ὅση εὐνοητική τις ἡμῖν αὐταῖς
5 ᵛ ταῖς φωναῖς αὐτοῦ | προσφθεγγομένου καὶ ὁμιλοῦντος ἐνε-
20 φαίνετο· οὐκ ἐκπεριεῖναι ἡμᾶς ἄλλως λόγοις πειρωμένου,
δεξιᾷ δὲ καὶ φιλανθρώπῳ καὶ χρηστοτάτῃ γνώμῃ σώζειν τε
καὶ κοινωνοὺς τῶν τε ἐκ φιλοσοφίας ἀγαθῶν καταστήσασθαι,
(82) καὶ τῶν ἄλλων μάλιστα, ὅσα τὸ θεῖον παρὰ τοὺς πολ-
λοὺς, ἢ καὶ παρὰ πάντας ἴσως τοὺς νῦν ἀνθρώπους, αὐτῷ
25 μόνῳ ἐδωρήσατο, τὸν διδάσκαλον εὐσεβείας, τὸν σωτήριον
λόγον, πολλοῖς μὲν ἐπιφοιτῶντα καὶ πάντας κατεργαζόμενον,
ὅσοις ἂν προστύχῃ (οὐ γάρ ἐστιν ὅ τι αὐτῷ ἐνστήσεται,
πάντων καὶ ὄντι καὶ ἐσομένῳ βασιλεῖ), κρυπτόμενον δὲ καὶ
οὐ γινωσκόμενον οὔτε ῥᾳδίως οὔτε καὶ δυσχερῶς τοῖς πολλοῖς,
30 ὡς ἐρωτηθέντας ἔχειν περὶ αὐτοῦ σαφὲς εἰπεῖν. (83) οἷος

24 ἢ] εἰ darüber ἢ A¹

οὖν τις σπινθὴρ, ἐνσκήψας μέσῃ τῇ ψυχῇ ἡμῶν, ἀνῆπτετό τε
καὶ ἐξεκαίετο ὅ τε πρὸς τὸν ἁπάντων ὑπὸ κάλλους ἀρρήτου
ἐπακτικώτατον αὐτὸν λόγον τὸν ἱερὸν τὸν ἐρασμιώτατον, καὶ
ὁ πρὸς τὸν ἄνδρα τόνδε τὸν αὐτοῦ φίλον καὶ προήγορον ἔρως·
(84) ᾧ μάλιστα τετρωμένος ἁπάντων τῶν δοκούντων ἡμῖν 5
προσήκειν πραγμάτων ἢ μαθημάτων, τῶν τε ἄλλων καὶ
αὐτῶν τῶν καλῶν μου νόμων, ἀμελεῖν ἐπειθύμην πατρίδος
τε καὶ οἰκείων, τῶν τε παρόντων ἐνταῦθα καὶ οἷς ἀπεδημή-
σαμεν. ἐν δέ μοι φίλον ἦν καὶ ἀγαπώμενον, φιλοσοφία τε
καὶ ὁ ταύτης καθηγεμὼν οὗτος ὁ θεῖος ἄνθρωπος· (85) κ α ὶ 10
σ υ ν ε δ έ θ η ἡ ψ υ χ ὴ Ἰ ω ν ά θ α ν Δ α υ ί δ. τοῦτο ἀνέγνων
μὲν ὕστερον ἐν τοῖς ἱεροῖς γράμμασιν, ἔπαθον δὲ πρότερον
οὐχ ἧττον ἐναργῶς ἢ εἴρηται, καίτοι γε ἐναργέστατα κεχρη-
σμῳδημένον. (86) οἳ γὰρ συνεδέθη ἁπλῶς Ἰωνάθαν Δαυίδ,
αὐτὰ δὲ τὰ κυριώτατα, ψυχή, ταῦθ᾽ ἅπερ οὐδὲ χωρισθέντων 15
τῶν φαινομένων καὶ βλεπομένων ἀνθρώπῳ χωρισθῆναι καὶ
αὐτὰ μηχανῇ τινι καταναγκασθήσεται· ἄκοντα μὲν οὐδαμῶς.
(87) ψυχὴ γὰρ ἐλεύθερον καὶ οὐκ ἐγκατάκλειστον οὐδενὶ
τρόπῳ, οὐδ᾽ ἂν ἐν ο ἰ κ ί σ κ ῳ κ α θ ε ί ρ ξ α ς τ η ρ ῇ ς. καὶ γὰρ
εἶναι πέφυκε τόν γε πρῶτον λόγον, οὗπερ ἂν ὁ νοῦς ᾖ· εἰ δὲ 20
καὶ ἐν τῷ οἰκίσκῳ σοι εἶναι δοκεῖ, κατὰ δεύτερόν τινα λόγον
ἐνταῦθά σοι φαντάζεται· οὐδαμῶς εἶναι ἐκεῖ διὰ τοῦτο κεκω-
λυμένη, οὗπερ ἂν εἶναι βουληθῇ, μᾶλλον δὲ πάντη πάντως
ἐκεῖ μόνον εἶναι καὶ δυναμένη καὶ πιστευθεῖσα ἂν εἰκότως,
οὗπερ ἂν καὶ πρὸς ὃ ἂν τὰ μόνης αὐτῆς ἴδια κατ᾽ αὐτὴν 25
ἔργα ᾖ. (88) οὐκοῦν περιφανέστατον τοῦθ᾽ ὅπερ ἔπαθον
βραχυτάταις λέξεσιν ἐδήλωσε, τ ὴ ν ψ υ χ ὴ ν Ἰ ω ν ά θ α ν σ υ ν-
δ ε δ έ σ θ α ι τ ῇ ψ υ χ ῇ Δ α υ ί δ; ταῦθ᾽ ἅπερ ἄκοντα μὲν
οὐδαμῶς, ὡς ἔφην, χωρισθῆναι ἐκνικηθήσεται, ἑκόντα δὲ οὐ

ῥᾳδίως θελήσει. (89) οὐ γὰρ ἐπὶ τῷ χείρονι οἶμαι, ὄντι πολυτρόπῳ καὶ εὐκολωτέρῳ μεταβουλεύεσθαι, ἡ τῆς ἀναλύσεως τῶν ἱερῶν, τῶν φιλίων τούτων δεσμῶν ἐξουσία, ἐφ᾽ ᾧπερ οὐδὲ τὸ καταδήσασθαι ἐγένετο τὴν ἀρχὴν μόνῳ· ἀλλ᾽
5 ἐπὶ τῷ κρείττονι, ὄντι μονίμῳ καὶ οὐκ εὐσείστῳ, ἐφ᾽ ᾧπερ καὶ κατεργάσασθαι τοὺς δεσμοὺς καὶ τὸ ἱερὸν τοῦτο ἅμμα |
6ʳ μᾶλλον ἦν. συνεδέθη γοῦν καὶ ὑπὸ τοῦ θείου λόγου οὐχ ἡ ψυχὴ Δαυὶδ τῇ ψυχῇ Ἰωνάθαν· (90) ἔμπαλιν δὲ ἡ τοῦ χείρονος ψυχὴ τοῦτο παθοῦσα συνδεομένη λέγεται τῇ ψυχῇ
10 Δαυίδ. οὐ γὰρ τὸ κρεῖττον, αὔταρκες ὂν, ἕλοιτο ἂν τῷ αὐτοῦ συνδεδέσθαι χείρονι, ἀλλὰ τὸ χεῖρον, ἐπικουρίας δεόμενον τῆς παρὰ τοῦ βελτίονος, συνδεθὲν τῷ κρείττονι προσηρτῆσθαι ἐχρῆν· ἵνα τὸ μὲν μένον ἐφ᾽ ἑαυτοῦ μηδεμιᾶς ἀπολαύῃ βλάβης ἐκ τῆς πρὸς τὸ χεῖρον κοινωνίας, τὸ δ᾽ ἄτακτον ἐξ
15 αὐτοῦ καταδεθὲν καὶ συναρμοσθὲν τῷ κρείττονι, μηδὲν βλάψαν ταῖς ἀνάγκαις τῶν δεσμῶν πρὸς τὸ κρεῖττον ἐκνικηθῇ. (91) διὸ καὶ κατεργάζεσθαι μὲν τοὺς δεσμοὺς τοῦ διαφέροντος, ἀλλ᾽ οὐ τοῦ ἥττονος ἦν· συνδεῖσθαι δὲ τοῦ χείρονος, ὡς μηδ᾽ ἐξουσίαν ἔχειν πως ἀπολελύσθαι τῶν δεσμῶν.
20 (92) τοιαύταις τισὶν ἀνάγκαις Δαυὶδ οὗτος συσφιγξάμενος ἡμᾶς ἔχει νῦν τε καὶ ἐξ ἐκείνου, οὐδ᾽ εἰ βουλοίμεθα τῶν δεσμῶν αὐτοῦ λελύσθαι δυναμένους. οὐ τοίνυν καὶ εἰ ἀποδημήσαιμεν, ἀνήσει τὰς ψυχὰς ἡμῶν, κατὰ τὸ θεῖον γράμμα ἔχων οὕτω συνδεδεμένας.

25   VII. (93) Πλὴν οὕτως ἡμᾶς ἐξ ἀρχῆς ἑλὼν καὶ πάντα τρόπον ἐκπεριελθὼν, ἐπειδὴ ἤνυστο αὐτῷ τὸ πλεῖον καὶ μένειν ἐδόκει, τοὐντεῦθεν ὥσπερ εἴ τις ἀγαθὸς γεωργὸς γῆν ἀργήν τινα καὶ ἤτοι οὐδὲ εὔγειον οὐδαμῶς, ἀλλά τινα ἁλμυρὰν καὶ κεκαυμένην ὑπόπετρόν τε καὶ ψαφαρὰν, ἢ οὐ

---

13 ἀπολαύῃ P² Hoe (not) Bengel ἀπολάβη A   27 ὥσπερ εἴ A
ὡσπερεί P Hoe

πάντη μὲν ἄφορον οὐδέ γε ἀφυῆ, ἀλλὰ καὶ πολυφυῆ μέν,
χέρσον δὲ ὅμως καὶ ἠμελημένην, ἀκάνθαις καὶ θάμνοις
ἀγρίαις ἐστρυφνωμένην καὶ δυσεργῆ· (94) ἢ οἷά τις φυτουρ-
γὸς ἀνὴρ φυτὸν, ἤτοι ἄγριον καὶ καρπῶν ἡμέρων ἄφορον μέν,
οὐ μὴν πάντη ἄχρηστον, εἴ τις τέχνη τῇ φυτουργικῇ φέρων 5
βλαστὸν ἥμερον ἐμφυτεύσαι, μέσον σχίσας, εἶτα συμβαλὼν
καὶ συνδήσας, ἄχρις ἂν συμβλύσαντα ὡς ἓν ἄμφω τρέφηται
(οὕτω γὰρ ἂν ἴδοις δένδρον τι συμμιγές, καὶ νόθον μέν,
εὔκαρπον δὲ ἐξ ἀκάρπου, καρποὺς ἐλαίας τῆς καλῆς ἐπὶ
ῥιζῶν ἀναφέρον ἀγρίων)· ἢ ἄγριον μέν, οὐ μὴν ἄχρηστον 10
ἀνδρὶ τεχνίτῃ φυτουργῷ, ἢ καὶ ἥμερον μέν, εὔκαρπον δὲ
ἄλλως, ἢ ἀπορίᾳ τέχνης πάλιν ἀκλάδευτον καὶ ἀπότιστον
καὶ αὐχμηρὸν, πνιγόμενον ὑπὸ τῶν εἰκῆ πολλῶν καὶ περιττῶν
ἐκφυομένων βλαστῶν, τελειοῦσθαι δὲ τῇ βλάστῃ καὶ φέρειν
τὸν καρπὸν ὑπ' ἀλλήλων ἐμποδιζόμενον· (95) τοιούτους τινὰς 15
παραλαβὼν καὶ τέχνῃ ἑαυτοῦ τῇ γεωργικῇ ἐκπεριϊὼν καὶ
κατανοῶν οὐ τὰ πᾶσιν ὁρώμενα μόνον καὶ ἐν ἐπιφανείᾳ
βλεπόμενα, ἀνορύττων δὲ καὶ τῶν ἐνδοτάτων ἀποπειρώμενος,
ἐρωτῶν καὶ προτείνων καὶ ἀποκριναμένων ἀκούων, ἐπειδὴ
κατενόησέ τι οὐκ ἄχρηστον καὶ ἀνωφελὲς καὶ ἀνήνυτον ἐν 20
ἡμῖν, (96) ἔσκαλλεν, ἀνέστρεφεν, ἐπότιζεν, ἐκίνει πάντα,
ἅπασαν προσῆγε τὴν παρ' αὐτοῦ τέχνην καὶ ἐπιμέλειαν, καὶ
κατειργάζετο ἡμᾶς· ἀ κ ά ν θ α ς μὲν κ α ὶ τ ρ ι β ό λ ο υ ς καὶ πᾶν
τὸ τῶν ἀγρίων γένος βοτανῶν ἢ φυτῶν, | ὅσον ὑλομανοῦσα 6ᵛ
ἀνέπεμπε καὶ ἀνεδίδου σεσοβημένη ἡ ψυχὴ ἡμῶν, οἷα δὴ 25
ἄτακτος οὖσα καὶ προπετής, πᾶν ἐκκόπτων καὶ ἐξαίρων τοῖς
ἐλέγχοις καὶ τῷ κωλύειν· (97) καθαπτόμενος ἡμῶν καὶ μάλα
Σωκρατικῶς ἔστιν ὅτε καὶ ὑποσκελίζων τῷ λόγῳ, εἴ πη

---

3 ἐστριφνωμένην A   6 ἐμφυτεύσαι] ἐμφυτεύσει A   7 συμ-
βλύσαντα A συμφύσαντα Cas συμβρύσαντα Bengel   ἓν P Cas ἂν A
23 κατειργάζετο Hoe κατεργάζετο A   Gen 3, 18

2*

πάντῃ ἀφηνιάζοντας ἡμᾶς ὥσπερ τινὰς τῶν ἀγρίων ἵππων
ἑώρα, σκιρτῶντας ἔξω τῆς ὁδοῦ καὶ πολλὰ ἐκπεριτρέχοντας
εἰκῆ, ἕως οὗ πειθοῖ τινι καὶ ἀνάγκῃ, ὡς ὑπὸ χαλινῷ τῷ ἐκ
στόματος ἡμῶν λόγῳ, ἡσυχίους αὐτῷ κατεστήσατο· (98) δυσ-
5 χερῶς μὲν ἡμῖν καὶ οὐκ ἀλύπως τὸ πρῶτον, οἷα δὴ ἀήθεσι
καὶ κατακολουθεῖν τῷ λόγῳ οὐδέπω μεμελετηκόσι προσάγων
τοὺς παρ' ἑαυτῷ λόγους, ἀλλὰ γὰρ ἐκκαθαίρων ὅμως.

Ἧι δ' ἂν ἐπιτηδείους ἡμᾶς ἐποιήσατο καὶ εὖ παρ-
εσκευάσατο εἰς παραδοχὴν τῶν τῆς ἀληθείας λόγων, (99) τότε
10 δὴ, οἷα εὖ κατειργασμένῃ γῇ καὶ ἁπαλῇ ἑτοίμῃ τε ἀναφύειν
τὰ ἐπαχθέντα τῶν σπερμάτων, ἐπέφερεν ἀφειδῶς· εὔκαιρον
καὶ τὴν τῶν σπερμάτων καταβολὴν ποιούμενος, εὔκαιρον καὶ
τὴν λοιπὴν ἐπιμέλειαν ἅπασαν, οἰκείως ἕκαστα κατεργα-
ζόμενος καὶ τοῖς οἰκείοις τοῦ λόγου· (100) πᾶν μὲν ὅσον
15 ἀμβλὺ καὶ νόθον τῆς ψυχῆς, ἢ πεφυκυίας οὕτως ἢ καὶ ὑπὸ
τροφῶν περιττῶν τοῦ σώματος παχυνομένης, παροξύνων καὶ
ἐξισχναίνων τοῖς λεπτοῖς τῶν λογικῶν παθημάτων λόγοις
καὶ τρόποις, (101) οἳ ἐξ ἁπλουστάτων τῶν πρώτων ἀνειλού-
μενοι ἐπάλληλοι καὶ ποικίλως στρεφόμενοι, εἰς ἀμήχανόν
20 τινα καὶ δυσεξέλικτον προΐασι πλοκήν, ἐξανιστῶντες ἡμᾶς
ὥσπερ καθεύδοντας, καὶ ἔχεσθαι ἀεὶ τῶν προκειμένων, μη-
δαμῶς ὑπολισθαίνοντας μήτε ὑπὸ μήκους μήτε ὑπὸ λεπτό-
τητος, ἐκδιδασκόμενοι. (102) ὅσον δὲ ἄκριτον καὶ προπετές,
συγκατατιθεμένων τε τοῖς ἐπιτυχοῦσιν, ὁποῖά ποτ' ἂν ᾖ, κἂν
25 ψευδῆ τύχῃ, καὶ ἀντιλεγόντων πολλάκις, κἂν ἀληθῆ τινα
εἰρημένα ᾖ, καὶ τοῦτο ἐκπαιδεύων τούτοις τε τοῖς προειρη-
μένοις καὶ ἑτέροις ποικίλοις λόγοις· πολυειδὲς γὰρ τουτὶ τὸ
μέρος τῆς φιλοσοφίας, συνεθίζον μὴ εἰκῆ μηδ' ὡς ἔτυχε

---

8 παρεσκεύασατο A doch zwischen εσ ein Buchst. ausradiert
10 ἑτοίμη aus ἐρήμη corr A¹   16 παχυνομένης aus παχυνομένου
corr A¹   17 παθημάτων A μαθημάτων Bengel am Rand
20 προΐασι] προῖασι A   28 συνεθίζον A συνεθίζων Cas

ῥίπτειν τε τὰς μαρτυρίας καὶ πάλιν ἀνανεύειν, ἀλλ᾽ ἐξετά-
ζοντας ἀκριβῶς μὴ τὰ προφανῆ μόνον (103) (πολλὰ γὰρ ἔν-
δοξα αὐτόθεν καὶ σεμνοειδῆ, ὑπὸ εὐσχήμοσι ταῖς φωναῖς
εἰσδραμόντα εἰς τὰς ἀκοὰς ἡμῶν ὡς ἀληθῆ, ὕπουλα ὄντα καὶ
ψευδῆ, συναρπάσαντα καὶ λαβόντα ψήφισμα ἀληθείας παρ᾽ 5
ἡμῶν, μετ᾽ οὐ πολὺ σαθρὰ καὶ οὐκ ἀξιόπιστα κατεφωράθη
ὄντα, μάτην τὴν ἀλήθειαν ὑποκρινόμενα· καὶ ἡμᾶς εὐκόλως
ἀπέφηνε καταγελάστως ἐξηπατημένους, κἀπιμαρτυρήσαντας
εἰκῇ οἷς ἥκιστα ἐχρῆν· (104) πάλιν τε αὖ ἕτερα σεμνὰ μὲν
καὶ οὐκ ἀλαζονευόμενα μὲν, ἢ οὐκ ἀξιοπίστοις ταῖς φωναῖς 10
κείμενα παράδοξα καὶ πάντων ἀπιστότατα δοκοῦντα, αὐτόθεν
τε ἀποδοκιμασθέντα ὡς ψευδῆ καὶ ὑβρισθέντα ἀναξίως, |
εἶθ᾽ ὕστερον ἐξιχνεύσασι καὶ κατανοήσασιν ἀκριβῶς πάντων
ἀληθέστατα καὶ ἄμαχα ἀτεχνῶς εἶναι κατενοήθη, τὰ τέως
ἀπόβλητα καὶ ἀδόκιμα νομισθέντα), (105) μὴ δὴ τὰ προφανῆ 15
μόνον καὶ προκύπτοντα, ἔστι δ᾽ ὅτε δολερὰ καὶ σεσοφισμένα,
τὰ δ᾽ ἔνδον διερευνωμένους μὲν καὶ περικρούοντας ἕκαστον,
μή πή τι σαθρὸν ἠχῇ, καὶ ἐν αὐτοῖς πιστουμένους ἑαυτοὺς
πρῶτον, οὕτως καὶ τοῖς ἐκτὸς συνομολογεῖν καὶ ἀποφαίνε-
σθαι περὶ ἑκάστων ἐδίδασκεν. (106) οὕτως μὲν τὸ περὶ τὰς 20
λέξεις καὶ τοὺς λόγους κριτικὸν ἡμῶν τῆς ψυχῆς μέρος λογι-
κῶς ἐξεπαιδεύετο· (107) οὐ κατὰ τὰς καλῶν ῥητόρων κρίσεις,
εἴ τι Ἑλληνικὸν ἢ βάρβαρόν ἐστι τῇ φωνῇ· τὸ μικρὸν τοῦτο
καὶ οὐκ ἀναγκαῖον μάθημα· (108) ἀλλὰ τοῦτο πᾶσιν ἀναγ-
καιότατον Ἕλλησί τε καὶ βαρβάροις, καὶ σοφοῖς καὶ ἰδιώ- 25
ταις καὶ ὅλως (ἵνα μὴ μακρὸς εἴη μοι λόγος ἑκάστας τέχνας
καὶ ἐπιτηδεύματα ἐπεξιὼν) πᾶσιν ἀνθρώποις τοῖς ὁντινοῦν
βίον ἑλομένοις· εἴ γε πᾶσι τοῖς περὶ ὁτουδήποτε κοινολογου-
μένοις μέλει τε καὶ διεσπούδασται μὴ ἠπατῆσθαι.

VIII. (109) Καὶ μὴ τοῦθ᾽, ὅπερ εἶδος διαλεκτικὴ κατορ- 30

---

17 δ᾽ A¹ corr aus δὲ   17—18 vgl Plato Phileb. p 55 C

θοῦν μόνη εἴληχε· τὸ δέ γε πάλιν ταπεινὸν τῆς ψυχῆς ⟨ἡ⟩μῶν,
ἐκτεθαμβημένων μὲν τῇ μεγαλουργίᾳ καὶ θαυματουργίᾳ καὶ
ποικίλῃ καὶ πανσόφῳ δημιουργίᾳ τῇ τοῦ κόσμου, καὶ τεθαυ-
μακότων μὲν ἀλόγως ὑπεπτηχότων δὲ ὑπὸ ἐκπλήξεως, εἰδότων
5 δὲ οὐδ᾽ ὁτιοῦν ἐπιλογίσασθαι δίκην ἀλόγων ζώων, (110) ἐξε-
γείρων καὶ ἀνορθῶν μαθήμασιν ἑτέροις, τοῖς φυσικοῖς,
σαφηνίζων ἕκαστα τῶν ὄντων, καὶ διακρίνων καὶ μάλα σοφῶς
εἰς τὰ πρώτιστα στοιχεῖα, κᾆτ᾽ ἐπιπλέκων τῷ λόγῳ καὶ ἐπι-
πορευόμενος τήν τε τῶν ὅλων καὶ τὴν ἐπὶ μέρους ἑκάστου
10 φύσιν τροπήν τε τὴν πολυειδῆ καὶ μεταβολὴν τῶν ἐν τῷ
κόσμῳ· (111) ἕως φέρων ὑπὸ σαφοῖς τῆς παρ᾽ αὐτοῦ δι-
δασκαλίας καὶ λόγων, ὧν τε ἔμαθεν ὧν τε ἐξεύρετο περὶ
τῆς τῶν ὅλων οἰκονομίας τῆς ἱερᾶς καὶ φύσεως τῆς ἀμωμήτου,
ἀντὶ ἀλόγου λογικὸν ταῖς ψυχαῖς ἡμῶν ἐγκατέθετο θαῦμα.
15 (112) τοῦθ᾽ ὃ δὴ μάθημα ὑψηλὸν καὶ ἔνθεον ὂν ἡ ἐρασμιω-
τάτη πᾶσιν ἐκδιδάσκει φυσιολογία. (113) τί δεῖ λέγειν τὰ
τῶν ἱερῶν μαθημάτων, γεωμετρίαν μὲν τὴν πᾶσι φίλην καὶ
ἀναμφισβήτητον καὶ ἀστρονομίαν τὴν μετεωροπόρον; ἃ δὴ
ἕκαστα ταῖς ψυχαῖς ἡμῶν ἐνετυποῖτο διδάσκων ἢ ἀναμιμνή-
20 σκων ἢ οὐκ οἶδ᾽ ὅ τι χρὴ λέγειν, (114) τὴν μὲν ὡς ὑποβά-
θραν πάντων ἁπλῶς ποιησάμενος οὖσαν ἄσειστον, τὴν γεω-
μετρίαν, καὶ κρηπίδα τινὰ ἀσφαλῆ· ἀνάγων δὲ καὶ μέχρι
τῶν ἀνωτάτω διὰ τῆς ἀστρονομίας, ὥσπερ διὰ κλίμακός
τινος οὐρανομήκους ἑκατέρου τοῦ μαθήματος βατὸν ἡμῖν τὸν
25 οὐρανὸν παρασκευάσας.

IX. (115) Ἃ δὲ ἁπάντων ἐστὶ κορυφαιότατα, καὶ ὧν
μάλιστα ἕνεκα πᾶν τὸ φιλόσοφον διαπονεῖται γένος, ὥσπερ
7ᵛ ἐκ φυτείας | ποικίλης, τῶν ἄλλων ἁπάντων μαθημάτων καὶ
φιλοσοφίας μακρᾶς καρποὺς ἀγαθοὺς ἐκδεχόμενον τὰς θείας

---

5 οὐδ᾽ P οὔθ᾽ A   8 κᾆτ᾽ ἐπιπλέκων Hoe am Rand κατε-
πιπλέκων A   12 περὶ] unsicher, ob περὶ oder παρὰ A

ἀρετὰς τὰς περὶ ἦθος, ἐξ ὧν ἡ ἀτάραχος καὶ εὐσταθὴς τῶν ὁρμῶν τῆς ψυχῆς κατάστασις γίνεται · (116) καὶ ἀλήπτους μὲν καὶ ἀπαθεῖς ἁπάντων κακῶν, εὐτάκτους δὲ καὶ εὐστα-θεῖς καὶ θεοειδεῖς ἤμελλεν ἡμᾶς ὄντως καὶ μακαρίους κατα-στήσεσθαι. (117) καὶ ταῦτα δὲ ἐξεπονεῖτο λόγοις τε ἰδίοις 5 πραΰνουσι καὶ σοφοῖς, οὐχ ἥκιστα καὶ ἀναγκαιοτάτοις, περὶ τῶν ἠθῶν καὶ τῶν τρόπων ἡμῶν. (118) καὶ οὐ λόγοις μόνον, ἀλλ᾽ ἤδη καὶ ἔργοις τρόπον τινὰ διεκυβερνᾶτο παρ᾽ ἡμῶν τὰς ὁρμάς, αὐτῇ τῇ τῶν ὁρμῶν καὶ παθῶν τῶν τῆς ψυχῆς θεωρίᾳ καὶ κατανοήσει, ἐξ ἧς μάλιστα κατεγνωσμένης κατορ- 10 θοῖσθαι ἐξ ἀναρμοστίας πέφυκεν ἡμῶν ἡ ψυχή, καὶ ἐπὶ τὸ κεκριμένον καὶ εὔτακτον ἐκ συγκεχυμένης μετατίθεσθαι · (119) ἵν᾽ ὥσπερ ἐν κατόπτρῳ ἑαυτὴν θεωρήσασα αὐτὰς τὰς ἀρχὰς καὶ ῥίζας τῶν κακῶν, τὸ ἄλογον αὐτῆς πᾶν, ἐξ οὗ τὰ ἄτοπα ἡμῖν ἐπανίσταται πάθη · καὶ πάλιν ὅσον ἄριστον 15 αὐτῆς μέρος λογικόν, ὑφ᾽ οὗ κρατοῦντος μένει γε ἐφ᾽ ἑαυτῆς ἀβλαβὲς καὶ ἀπαθές · (120) εἶτα ταῦτα ἐν αὐτῇ κατανοήσασα ἀκριβῶς, πάντα μὲν τὰ ἐκ τοῦ χείρονος ἐκφυόμενα, ἐκχέοντα ἡμᾶς ὑπὸ ἀκολασίας ἢ συστέλλοντα καὶ συμπνίγοντα ὑπὸ ταπεινότητος, οἷον ἡδονὰς καὶ ἐπιθυμίας ἢ λύπας καὶ φό- 20 βους, καὶ ὅσος τοῖς γένεσι τοῖσδε ἕπεται στοῖχος κακῶν, ταῦτα μὲν ἐκβάλλοι καὶ ἐκποδὼν ποιοῖτο, ἔτι ἀρχομένοις καὶ ἄρτι φυομένοις ἐπανισταμένη καὶ οὐκ ἐῶσα οὐδὲ μικρὸν αὔξειν, ἀλλ᾽ ἀπολλύουσα καὶ ἐξαφανίζουσα · (121) ὅσα δὲ ἐκ τοῦ κρείττονος ἀνατέλλει ἡμῖν ἀγαθὰ ὄντα, ταῦτα ἐκτρέφοι 25 τε καὶ διασώζοι, καὶ ἀρχόμενα τιθηνοῦσα καὶ συμφυλάττουσα ἄχρι τελειότητος. (122) οὕτω γὰρ ἄν ποτε παραγενέσθαι ψυχῇ τὰς θείας ἀρετάς, φρόνησίν τε τὴν αὐτὰ ταῦτα τῆς ψυχῆς τὰ κινήματα κρίνειν πρῶτον δυναμένην, ἐξ αὐτῶν καὶ

---

12 συγκεχυμένης] συγκεχυσμένης A   16 ἐφ᾽ Bengel am
Rand ὑφ᾽ A   17 αὐτῇ Hoe αὐτῆ A

τῆς περὶ τὰ ἔξω ἡμῶν, εἴ τινά ἐστιν, ἀγαϑῶν καὶ κακῶν
ἐπιστήμης γενομένης· καὶ σωφροσύνην τὴν ταῦτα ἐν ἀρχαῖς
ὀρϑῶς αἱρουμένην δύναμιν· καὶ δικαιοσύνην, ᾗ τὰ ἄξια
ἑκάστοις ἀπονέμει· καὶ τὴν πάντων τούτων σωτηρίαν, ἀν-
5 δρείαν.

(123) Οὐ λόγοις τοίνυν ἀπαγγελλομένοις συνείϑιζεν, ὡς
δὴ εἴη ἐπιστήμη ἀγαϑῶν καὶ κακῶν ἢ ποιητέων καὶ οὐ
ποιητέων ἡ φρόνησις· τοῦτο δὴ τὸ κενὸν καὶ ἀνωφελὲς μά-
ϑημα, εἰ ὁ λόγος εἴη τῶν ἔργων δίχα, καὶ φρόνησις οὐχὶ
10 ποιοῦσα τὰ ποιητὰ καὶ ἀποτρέπουσα τῶν οὐ ποιητῶν, γινώ-
σκειν δὲ ταῦτα παρεχομένη τοῖς ἔχουσιν αὐτήν, οἵους πολλοῖς
ὁρῶμεν. (124) ἡ δὲ σωφροσύνη πάλιν ὅτι δὴ εἴη τις ἐπι-
στήμη αἱρετῶν καὶ οὐχ αἱρετῶν, οὐ πάνυ τι διδασκόντων
αὐτὴν τῶν ἄλλων φιλοσόφων, καὶ μάλιστά γε τῶν νεωτέρων,
8ʳ ὄντων μὲν εὐτόνων καὶ ἐρρωμένων τοῖς λόγοις | (οἵους ἐγὼ
πολλάκις ἐθαύμασα, ὅταν τὴν αὐτὴν ἀρετὴν θεοῦ καὶ ἀνθρώ-
πων, καὶ ἐπὶ γῆς τῷ πρώτῳ θεῷ ἴσον εἶναι τὸν σοφὸν ἄν-
θρωπον ἀποδείξωσιν), οὔτε δὲ τὴν φρόνησιν, ὡς καὶ ποιοῖ
τις τὰ φρονήσεως, οὔτε τὴν σωφροσύνην, ὡς καὶ αἱροῖτό τις
20 ταῦϑ' ἅπερ ἔμαϑε, παραδοῦναι δυναμένων· (125) ὁμοίως δὲ
κἀπὶ τῆς δικαιοσύνης, καὶ ἔτι τῆς ἀνδρείας. (126) οὐχ οὕτως
οὗτος τὰ περὶ ἀρετῶν ἡμῖν διεξῄει λόγοις, ἐπὶ δὲ τὰ ἔργα
μᾶλλον παρεκάλει· καὶ παρεκάλει πλέον τοῖς ἔργοις, ἢ οἷς
ἔλεγεν.

25 X. (127) Ἐξαιτοῦμαι δὲ παρά τε φιλοσόφων τῶν νῦν
ὄντων, ὅσους αὐτὸς ἔγνων καὶ ὅσους ἄλλων διηγουμένων
ἤκουσα, καὶ παρὰ τῶν ἄλλων δὲ ἀνθρώπων, ἀνεμεσίτως
ἔχειν πρὸς τὰ νῦν ἡμῖν λεγόμενα. μηδέ μέ τις ἢ φιλίᾳ τῇ
πρὸς τὸν ἄνδρα ἢ καὶ ἀπεχθανόμενον ἔτι τοῖς λοιποῖς φιλο-

---

17 τῷ πρώτῳ A τὰ πρῶτα Voss ἴσον Cas ἴσον Voss σοφὸν A
18 ποιοῖ aus ποιεῖ corr M ποιοῖ Bengel am Rand ποιεῖ A

σόφοις (128) (ὧν, εἴπερ τις ἄλλος, καὶ αὐτὸς ἐραστής τε διὰ
τοὺς λόγους εἶναι θέλω, καὶ εὐφημεῖν αὐτοὺς βούλομαι αὐτός
τε καὶ ἑτέρων τὰ κάλλιστα λεγόντων περὶ αὐτῶν ἀκούειν·
ἀλλὰ γὰρ τοιαῦτά ἐστιν, ὡς εἰς ἔσχατον περιϋβρίζεσθαι μὲν
ὑπὸ πάντων σχεδὸν καὶ τοὔνομα τῆς φιλοσοφίας, ἐμὲ δὲ 5
μικροῦ δεῖν ἰδιωτεύειν ἑλέσθαι πάντῃ, ἥπερ τι μαθεῖν ὧν
οὗτοι ἀπαγγέλλουσιν, οἷς διὰ τὸν λοιπὸν βίον οὐδὲ προ-
σιέναι ἄξιον εἶναι ἐδόκουν, ἴσως οὐκ ὀρθῶς τοῦτο φρονῶν),
(129) πλὴν μή μέ τις φιλοτιμίᾳ τινὶ ἤτοι τῶν εἰς τὸν ἄνδρα
ἐπαίνων ἢ τῇ πρὸς τοὺς ἔξω φιλοσόφους ἄλλῃ ταύτῃ φιλο- 10
τιμίᾳ ταῦτα λέγειν ὑπονοησάτω· ἀλλὰ καὶ μικρότερα ἡμᾶς
τῶν αὐτοῦ ἔργων, μὴ κολακεύειν δοκοίημεν, λέγειν πεπείσθω
(130) οὐχὶ ῥήματα καὶ ὀνόματα καὶ ἀφορμὰς ἐντέχνους ἐγ-
κωμίων ἑαυτοῖς ἐκποριζομένοις· ὃς οὐδ' ὅτε μειράκιον ὢν
τὴν δημώδη ῥητορικὴν ἐκ ῥήτορος ἐδιδασκόμην, ἐπαινεῖν καὶ 15
λέγειν περί του ἐγκώμιον, ὅ τι μὴ ἀληθὲς ἦν, ἑκὼν ὑπέμενον.
(131) οὐ τοίνυν οὐδὲ νῦν ἐπαινεῖν προθέμενος, ἁπλῶς τοῖς
ἑτέρων ψόγοις τοῦτον ἐξαίρειν οἶμαι δεῖν· ἢ κακῶς ἂν ἔλεγον
τὸν ἄνδρα, τοῖς ἄλλων πταίσμασιν, ἵνα τι περὶ αὐτοῦ μεῖζον
δὴ λέγειν ἔχοιμι, παραβαλὼν τὸν μακάριον αὐτοῦ βίον· οὐχ 20
οὕτως ἀφραίνομεν· (132) ἀλλ' αὐτὸ ὃ πέπονθα δίχα τινὸς
παραβολῆς καὶ πανουργίας τῆς ἐν λόγοις ὁμολογήσω.

XI. (133) Οὗτός με πρῶτος καὶ μόνος καὶ τὴν Ἑλλήνων
φιλοσοφίαν φιλοσοφεῖν προὐτρέψατο, τοῖς ἤθεσι τοῖς ἰδίοις
αὐτοῦ καὶ τοῦ περὶ ἠθῶν ἀκοῦσ〈αι〉 καὶ ἀνασχέσθαι λόγου 25
πείσας, (134) οὐκ ἂν πεισθέντα, ὅσον ἐπὶ τοῖς ἄλλοις φιλο-
σόφοις (πάλιν ὁμολογῶ), οὐκ ὀρθῶς μὲν, δυστυχῶς δὲ μικροῦ
δεῖν ἡμῖν. οὐμενοῦν οὐδὲ πλείοσιν ἐνέτυχον τὸ πρῶτον, ὀλίγοις
δέ τισι τοῖς διδάσκειν ἐπαγγελλομένοις, ἀλλὰ γὰρ πᾶσι
μέχρι ῥημάτων τὸ φιλοσοφεῖν στήσασιν. (135) οὗτος δέ με 30

15 ἐπαινεῖν] ἐ auf Rasur von 2 Buchst. A

πρῶτος καὶ τοῖς λόγοις φιλοσοφεῖν προϊτρέψατο, τοῖς ἔργοις
φθάσας τὴν διὰ λόγων προτροπήν· οὐκ ἀπαγγέλλων μόνον
ῥήματα μεμελετημένα, ἀλλ᾽ οὐδὲ λέγειν ἀξιῶν, εἰ μὴ σὺν
8ʳ εἰλικρινεῖ τῇ γνώμῃ καὶ πρᾶξαι τὰ εἰρημένα | ἀγωνιουμένη
5 τοῦτο ποιοῖ, ἣ τοιοῦτον ἑαυτὸν παρασχέσθαι πειρώμενος,
οἷον τ⟨οῖς⟩ λόγοις διέξεισι τὸν καλῶς βιωσόμενον, καὶ παρά-
δειγμα μὲν, ἐβουλόμην εἰπ⟨εῖν⟩, ἐκθέμενος σοφοῦ· (136) ἀλλ᾽
ἐπεὶ ἀλήθειαν ἡμῖν, οὐ κομψείαν ἐπηγγείλατο ὁ λόγ⟨ος⟩
ἄνωθεν, παράδειγμα μὲν αὐτὸν σοφοῦ οὐδέπω λέγω· καίτοι
10 γε εἰπεῖν ἐθέλ⟨ων⟩ εἶναι τ᾽ἀληθές· ἀλλὰ ἐῶ νῦν τοῦτο. οὐ
παράδειγμα τοίνυν ἀκριβές, ἐξομοιοῦν δὲ καὶ ἄγαν ἐθέλοντα,
σπουδῇ πάσῃ καὶ προθυμίᾳ βιαζόμενον, εἰ δεῖ λέγειν, καὶ
παρὰ τὴν ἀνθρώπων δύναμιν· (137) καὶ μέντοι καὶ ἡμᾶς
ἑτέρους τοιούτους πλάττειν, οὐ λόγων ἐγκρατεῖς καὶ ἐπιστή-
15 μονας τῶν περὶ ὁρμῶν, τῶν δὲ ὁρμῶν αὐτῶν· ἐπὶ τὰ ἔργα
καὶ τοὺς λόγους ἄγχων καὶ οὐ μικρὰν μοῖραν ἑκάστης ἀρετῆς,
τάχα δὲ καὶ σύμπασαν, εἴπερ ἐχωρήσαμεν, ἐπιφέρων ἐν
αὐτῇ τῇ θεωρίᾳ· (138) δικαιοπραγεῖν μὲν καὶ ἀναγκάζων,
εἰ δεῖ λέγειν, διὰ τὴν ἰδιοπραγίαν τῆς ψυχῆς, ᾗ προσθέσθαι
20 ἡμᾶς ἔπεισεν· ἀπάγων μὲν τῆς κατὰ τὸν βίον πολυπραγμο-
σύνης καὶ τοῦ τῆς ἀγορᾶς ὀχληροῦ, ἑαυτοὺς δὲ περισκοπεῖν
ἐπάρας καὶ τὰ αὑτῶν ὄντως πράττειν. (139) τοῦτο δὲ εἶναι
τὸ δικαιοπραγεῖν, καὶ ταύτην τὴν δικαιοσύνην τήν γε ἀληθῆ
καὶ τῶν ἀρχαίων φιλοσόφων τινὲς εἰρήκασι, τὴν ἰδιοπραγίαν
25 λέγοντες ἐμοὶ δοκεῖν καὶ ἀνυσιμώτερον πρὸς μακαριότητα
ἑαυτοῖς τε καὶ τοῖς προσιοῦσιν· εἴπερ γέ ἐστι τῆσδε τῆς
ἀρετῆς τὸ κατ᾽ ἀξίαν ἀπονέμειν καὶ τὰ ἴδια ἑκάστοις.
(140) τί γὰρ ἂν ἴδιον εἴη ψυχῆς ἕτερον, τί δὲ οὕτως ἄξιον,

---

5 ἣ A ob καί?   10 εἶναι τ᾽ἀληθές. Bengel am Rand εἶναί
τε ἀληθές A   13 παρά aus περὶ corr A¹   15 περὶ ὁρμῶν
P² Hoe περιορμῶν A   22 αὑτῶν P αὐτῶν A

ἢ τὸ ἐπιμέλεσθαι ἑαυτῆς, οὐκ ἔξω βλέπουσαν οὐδ᾽ ἀλλοιριο-
πραγοῖσαν οὐδὲ συνελόντα εἰπεῖν ἀδικοῦσαν ἑαυτὴν τὴν
χειρίστην ἀδικίαν, ἀλλ᾽ ἔνδον πρὸς ἑαυτὴν ἀπεστραμμένην,
αὐτὴν ἑαυτῇ ἀποδιδοῦσαν καὶ δικαιοπραγοῦσαν; οὕτως μὲν
δίκαια πράττειν, εἰ δεῖ λέγειν, ἀναγκάζων ἐπαίδευε· 5
(141) φρονεῖν δὲ πάλιν οὐχ ἧττον τῷ πρὸς ἑαυτὴν εἶναι
καὶ ἑαυτοὺς γινώσκειν ἐθέλειν τε καὶ πειρᾶσθαι· τοῦτο δὴ
τὸ ἄριστον φιλοσοφίας ἔργον, ὃ δὴ καὶ δαιμόνων τῷ μαντι-
κωτάτῳ ἀνατίθεται ὡς πάνσοφον πρόσταγμα, τό· Γ ν ῶ θ ι
σ α υ τ ό ν. (142) τὸ δὲ εἶναι ὄντως ἔργον φρονήσεως, καὶ 10
ταύτην εἶναι τὴν θείαν φρόνησιν καλῶς τοῖς παλαιοῖς λέ-
γεται· τὴν αὐτὴν ὄντως οὖσαν θεοῦ καὶ ἀνθρώπου ἀρετήν,
αὐτῆς τῆς ψυχῆς ἑαυτὴν ὥσπερ ἐν κατόπτρῳ ὁρᾶν μελετώσης
καὶ τὸν θεῖον νοῦν, εἰ ἀξία γένοιτο τῆς κοινωνίας τῆσδε, ἐν
αὐ⟨τῇ⟩ κατοπτριζομένης ὁδόν τε ἀπόῤῥητόν τινα ταύτης 15
ἀποθεώσεως ἐξιχνευομένης. (143) ἀκολούθως δὲ καὶ σωφρο-
νεῖν καὶ ἀνδρίζεσθαι· σωφρονεῖν μὲν, διασωζομένους τὴν
φρόνησιν τήνδε τῆς ψυχῆς ἑαυτὴν γινωσκοίσης, εἴ ποτε αὐτῇ
τοῦτο γένοιτο· ταύτην γὰρ εἶναι πάλιν τὴν σωφροσύνην,
σώαν τινὰ φρόνησιν οὖσαν· (144) ἀνδρίζεσθαι δ᾽ ἐπὶ πᾶσιν 20
ἐμμένοντας ταῖς εἰρημέναις ἐπιτηδεύσεσι, καὶ οὐκ ἀποπί-
πτοντας οὔθ᾽ ἑκουσίως οὔθ᾽ ὑπό τινος ἀνάγκης, φυλάττοντας
δὲ καὶ ἐγκρατεῖς τῶν εἰρημένων· καὶ ταύτην εἶναι, σώτειράν
τινα καὶ φύλακα | δογμάτων οὖσαν, τὴν ἀρετὴν ταύτην.   9ʳ
XII. (145) Καὶ δῆτα δικαίους μὲν καὶ φρονίμους καὶ 25
σώφρονας ἢ ἀνδρείους ἡμᾶς ὑπὸ ἡμετέρας βραδυτῆτος καὶ
νωχελίας, καὶ ταῦτα πάνυ σπεύδων, ἔτι μέλλει καταστήσε-
σθαι· οὔτε ἔχοντας οὔτε ἐγγύς πω γενομένους οὐδ᾽ ἡστινο-
σοῦν ἀρετῆς ἀνθρώπων ἢ θείας, πολλοῦ γε δεῖ· (146) αὗται

---

15 αὐτῇ Bengel αὐ⟨τῇ⟩ A   16 ἀποθεώσεως Voss ἀπὸ θεώ-
σεως A   27 καταστήσεσθαι aus καταστήσασθαι corr A¹

γὰρ μέγισται καὶ ὑψηλαὶ, καὶ οὐδετέρα ληπτέα οὐδέ τῳ
τυχεῖν, ὅτῳ μὴ θεός γε ἐμπνέοι δύναμιν· ἡμεῖς τε οὔτε
πεφύκαμεν οὕτως ἐπιτηδείως, οὔτε καὶ ἄξιοι εἶναι ἐπιτυχεῖν
οὐδέπω ὁμολογοῦμεν· οἱ ποιήσαντες ἀπὸ ῥᾳθυμίας καὶ
5 ἀσθενείας πάντα, ἅπερ τοὺς τῶν ἀρίστων ἐφιεμένους καὶ τὰ
τέλεια μνωμένους χρή. (147) δίκαιοι μὲν οὖν ἢ σώφρονες ἤ
τινα τῶν ἄλλων ἔχειν ἀρετῶν ἔτι μέλλομεν· ἐραστὰς δὲ ἡμᾶς
ὅτι δριμύτατον ἐρῶντας ἔρωτα, ὅπερ ἐπ᾽ αὐτῷ μόνον ἴσως,
καὶ πάλαι κατεστήσατο ὁ θαυμαστὸς οὗτος καὶ φίλος τῶν
10 ἀρετῶν καὶ προήγορος, (148) ἐμποιήσας ἔρωτα τῇ αὐτοῦ
ἀρετῇ καὶ τοῦ κάλλους τῆς δικαιοσύνης, ἧς τὸ χρύσεον ὄντως
ἔδειξεν ἡμῖν πρόσωπον, καὶ φρονήσεως τῆς πᾶσιν ἐφεσίμου,
καὶ τῆς ἐρασμιωτάτης σοφίας τῆς ἀληθοῦς, καὶ σωφροσύνης
τῆς θεοειδοῦς, ἥ ἐστι ψυχῆς εὐστάθεια καὶ εἰρήνη πᾶσι
15 τοῖς κτησαμένοις αὐτήν, καὶ ἀνδρείας τῆς θαυμασιωτάτης,
(149) ὑπομονῆς ἡμῶν, καὶ ἐπὶ πᾶσιν εὐσεβείας, ἣν μητέρα
φασὶ τῶν ἀρετῶν, ὀρθῶς λέγοντες. αὕτη γάρ ἐστιν ἀρχὴ καὶ
τελευτὴ πασῶν τῶν ἀρετῶν· ἀπὸ ταύτης τε γὰρ ὁρμωμένοις
ῥᾷστα ἂν ἡμῖν ἐπιγένοιντο καὶ αἱ λοιπαὶ ἀρεταί· εἰ τοῦθ᾽
20 ὃ δεῖ πάντα ἄνθρωπον, τόν γε μὴ ἄθεον ἢ φιλήδονον, τὸ
φίλον γενέσθαι καὶ προήγορον θεῷ, κτήσασθαι ἑαυτοῖς
ἐπιθυμοῦντες καὶ σπεύδοντες, τῶν λοιπῶν ἀρετῶν ἐπιμελοί-
μεθα· ὅπως μὴ ἀνάξιοι καὶ ῥυπῶντες, μετὰ δὲ πάσης ἀρετῆς
καὶ σοφίας ὥσπερ τινὸς ἀγαθοῦ πομποῦ καὶ ἱερέως σοφω-
25 τάτου προσίοιμεν τῷ θεῷ. τό γε πάντων τέλος οὐχ ἕτερόν
τι οἶμαι, ἢ καθαρῷ τῷ νῷ ἐξομοιωθέντα προσελθεῖν τῷ
θεῷ καὶ μένειν ἐν αὐτῷ.

XIII. (150) Ἐπὶ τῇ ἄλλῃ πάσῃ φιλοπονίᾳ καὶ σπουδῇ
τὴν περὶ θεολογίας διδασκαλίαν καὶ εὐλάβειαν πῶς ἂν

---

1 οὐδέ τῳ aus οὐδὲ τῳ corr A¹ οὐδὲ τῷ Voss   20 δεῖ aus
δὴ corr M¹ δεῖ Hoe am Rand δὴ A

ἐξέλθοιμι τῷ λόγῳ, εἰς αὐτὴν τὴν διάθεσιν εἰσδὺς τοῦ ἀνδρὸς,
σὺν οἵᾳ γνώμῃ καὶ παρασκευῇ τοὺς περὶ τοῦ θείου πάντας
ἐκμανθάνειν ἡμᾶς ἤθελε λόγους, φυλαττόμενος, μή πη κιν-
δυνεύσαιμεν περὶ τὸ ἀναγκαιότατον ἁπάντων, τὴν τοῦ πάντων
αἰτίου γνῶσιν. (151) φιλοσοφεῖν μὲν γὰρ ἠξίου ἀναλεγο- 5
μένους τῶν ἀρχαίων πάντα ὅσα καὶ φιλοσόφων καὶ ὑμνῳδῶν
ἐστι γράμματα πάσῃ δυνάμει, μηδὲν ἐκποιουμένους μηδ᾽
ἀποδοκιμάζοντας (οὐδέπω γὰρ οὐδὲ τὴν κρίσιν ἔχειν)·
(152) πλὴν ὅσα τῶν ἀθέων εἴη, ὅσοι ἐκκυλισθέντες ὁμοῦ
καὶ τῶν ἀνθρωπίνων ἐννοιῶν οὐκ εἶναι θεὸν ἢ πρόνοιαν 10
λέγουσι (ταῦτα γὰρ οὔτ᾽ ἀναγινώσκειν ἄξιον, ἵνα μηδ᾽ ἐν τῷ
τυχόντι μολύνοιθ᾽ ἡμῖν ἡ ψυχὴ, εὐσεβεῖν μέλλουσα λόγων δὲ
ἀκούουσα ὑπεναντίων τῇ τοῦ θεοῦ θεραπείᾳ· οὐδὲ γὰρ τοὺς
τοῖς ναοῖς προσιόντας εὐσεβείας, ἧς οἴονται, ἐφάπτεσθαί
τινος ὅλως τῶν βεβήλων)· τὰ τούτων τοίνυν οὐδ᾽ ὅλως οὐδὲ 15
ἀριθμεῖσθαι ἄξιον παρ᾽ ἀνδράσιν εὐσεβεῖν ἐπανελομένοις·
| (153) τοῖς δὲ λοιποῖς πᾶσιν ἐντυγχάνειν καὶ προσομιλεῖν, 9ᵛ
γένος μὲν οὐδὲ ἓν οὐδὲ λόγον φιλόσοφον προτιμήσαντας οὔτε
αὖ ἀποδοκιμάσαντας, οὔτε Ἑλληνικὸν οὔτε βάρβαρον, πάντων
δὲ ἀκούοντας. (154) σοφῶς τοῦτο καὶ μάλα ἐντέχνως· μή 20
πη εἴς τις καὶ καθ᾽ ἑαυτὸν τῶνδέ τινων ἢ τῶνδε λόγος
αὐτὸς μόνος ἀκουσθεὶς καὶ τιμηθεὶς, κἂν μὴ ἀληθινὸς ὢν
τύχῃ, ὡς μόνος ἀληθὴς ὢν, εἰσδὺς εἰς τὴν ψυχὴν ἡμῶν ἐξα-
πατήσῃ καὶ καθ᾽ ἑαυτὸν διαθεὶς ἰδίους ἡμᾶς ποιήσηται,
οὐκέτ᾽ ἀποστῆναι δυναμένους οὐδὲ ἀποπλύνασθαι, ὥσπερ τὰ 25
δευσοποιόν τινα βαφὴν βαφέντα τῶν ἐρίων. (155) δεινόν τε
γὰρ χρῆμα καὶ εὔστροφον λόγος ὁ ἀνθρώπων, ποικίλος τε
τοῖς σοφίσμασι, καὶ ὀξὺς, εἰσδραμὼν εἰς τὰς ἀκοὰς, τυπῶσαί

---

1 ἐξέλθοιμι zu διέλθοιμι corr M¹   7 γράμματα Α συγ-
γράμματα PM   15 οὐδ᾽ ὅλως M Voss οὐδόλως A   23 ἐξα-
πατήσῃ PM Voss ἐξαπαντήσῃ A

τε τὸν νοῦν καὶ προθέσθαι, καὶ ἀναπείσας τοὺς ἅπαξ ἁρ
πασθέντας ὡς ἀληθὴς ἀγαπᾶσθαι, καὶ μένειν ἔνδον, κἂν
ψευδὴς καὶ ἀπατηλὸς ᾖ, ὥσπερ τις γόης κρατῶν, ὑπέρμαχον
ἔχων αὐτὸν τὸν ἠπατημένον. (156) εὐεξαπάτητόν τε πάλιν
5 ὑπὸ λόγου καὶ εὔκολον πρὸς συγκατάθεσιν ψυχὴ ἀνθρώπου,
ἑτοίμη τε, πρὶν διακρίνῃ καὶ ἐξετάσῃ πάντα τρόπον, ὑπὸ
ἀμβλύτητος καὶ ἀσθενείας τῆς ἰδίας, ἢ ὑπὸ λεπτότητος τῆς
τοῦ λόγου πρὸς τὴν ἀκρίβειαν τῆς ἐξετάσεως ἀποκαμοῦσαν
ἑαυτὴν ἀπραγμονέστερον παραδιδόναι πολλάκις ψευδέσι λό
10 γοις καὶ δόγμασι, πεπλανημένοις μὲν αὐτοῖς, πλανῶσι δὲ
καὶ τοὺς ἐσχηκότας· (157) καὶ οἳ τοῦτο μόνον, ἀλλὰ κἂν
ἐπανορθοῖν ἕτερος ἐθέλοι λόγος, οὐκέτι προσιεμένη οὐδὲ
μεταπειθομένη, τοῦ δὲ ἐν αὐτῇ περιεχομένη, ὥσπερ τινὸς
τυράννου ἀπαραιτήτου αὐτῆς κεκρατηκότος.

15 XIV. (158) Ἢ γὰρ οὐχὶ ταῦτα δογμάτων τε τὰ μαχό
μενα καὶ ἐναντιούμενα ἀλλήλοις φιλοσόφων τε τὰς στάσεις
εἰσήγαγεν, ἄλλων τοῖς ἄλλων ἐνισταμένων δόγμασι, καὶ ἄλλων
ἄλλα κρατούντων ἄλλων τε ἄλλοις προστιθεμένων· (159) καὶ
φιλοσοφεῖν μὲν ἁπάντων βουλομένων καὶ ἐπαγγελλομένων,
20 ἐξ οὗ γε προὐτράπησαν τὸ πρῶτον, καὶ φασκόντων ἐθέλειν
οὐχ ἧττον ὅτε γεγόνασιν ἐν τοῖς λόγοις, ἢ ὡς αὐτοῦ ἤρχοντο,
μᾶλλον δὲ καὶ πλείονα τὸν ἔρωτα νῦν ἔχειν τῆς φιλοσοφίας,
ὅτε αὐτῆς καὶ γεύσασθαι (ὡς ἂν εἴποι τις) ὑπῆρξε καὶ προσ
διατρίψαι τοῖς λόγοις, ἤπερ ὅτε πρῶτον ἀπείρως ἔχοντες
25 εἶθ᾽ ὑπὸ ὁρμῆς τινος φιλοσοφεῖν ἐπήρθησαν· λεγόντων μὲν
ταῦτα, οὐκέτι δ᾽ ὑπακουσάντων λόγοις οὐδένεσι τῶν ἑτερο
δόξων; (160) οὔτ᾽ οὖν εἰς τις τῶν παλαιῶν προὐτρέψατό τινα
τῶν νεωτέρων ἢ τῶν τοῦ Περιπάτου πρὸς αὐτὸν ἐπιστρέφειν

---

15 ἢ Bengel am Rand ἢ A   21 αὐτοῦ] αὐτῶν Voss
25 εἶθ᾽ Bengel am Rand εἴθ᾽ A   26 οὐδένεσι A οὐδέσι Μ, doch
υ auf Rasur von 2—3 Buchst.

καὶ τὴν αὐτοῦ φιλοσοφίαν φιλοσοφεῖν, οὔτε ἀνάπαλιν, καὶ ὅλως οὐδεὶς οὐδένα. (161) οὐ γὰρ ἂν ῥᾳδίως μεταπεισθείη τις προσθέσθαι, τῶν αὐτοῦ μετατιθέμενος, ἑτέροις, καὶ ταῦτα τούτοις ἴσως, οἷς εἴπερ ἐπείσθη πρὶν φιλοσοφήσει προσελθεῖν, τὸ πρῶτον ἂν καὶ | ἠγάπα· [ἐπείσθη ῥᾳδίως] οἷα δὴ 10ʳ μὴ προκατειλημμένης τῆς ψυχῆς μηδέπω λόγοις προσανείχετο ἂν καὶ ἠγάπα, ὁμοίως ἐναντιούμενος δι' ἐκεῖνα τούτοις, ἃ νῦν ἔχει.

(162) Τοιαῦτα ἡμῶν οἱ καλοὶ καὶ λογιώτατοι καὶ ἐξεταστικώτατοι Ἕλληνες πεφιλοσοφήκασιν, οἷς προσέτυχεν 10 ἕκαστος ἐξ ἀρχῆς ἐλαθεὶς ὑπό τινος ὁρμῆς, ταῦτα μόνα λέγων εἶναι ἀληθῆ, τὰ δὲ λοιπὰ πάντα τῶν ἄλλων φιλοσόφων ἀπάτην καὶ λῆρον· λόγῳ μὲν οὐδὲν μᾶλλον αὐτὸς τὰ αὐτοῦ κρατίνων, ἢ τῶν ἄλλων ἕκαστοι προΐστανται τῶν ἰδίων, τοῦ μὴ χρῆναι μετατίθεσθαι καὶ μεταβουλεύεσθαι 15 ἀνάγκῃ ἢ πειθοῖ· (163) οὐκ ἄλλην τινὰ (εἰ δεῖ τἀληθὲς εἰπεῖν) ἔχων ἢ τὴν πρὸς τῆς φιλοσοφίας ἐπὶ τάδε τὰ δόγματα ἄλογον ὁρμήν, καὶ κρίσιν ὧν οἴεται ἀληθῶν (μὴ παράδοξον εἰπεῖν ᾖ) οὐκ ἄλλην ἢ τὴν ἄκριτον τύχην· ταῦθ' ἕκαστος φιλῶν, οἷς προσέτυχε τὸ πρῶτον, ὑφ' ὧν οἰονεὶ 20 δεδεμένος, οὐκέθ' οἷός τε προσέχειν ἑτέροις· (164) εἰ μέν τι καὶ λέγειν ἔχοι σὺν ἀποδείξει ἀληθείας τῶν αὐτοῦ περὶ πάντων, καὶ ὡς ψευδῆ εἴη τὰ τῶν ἐναντίων, βεβοηθημένος καὶ τῷ λόγῳ, ἐπεὶ καὶ ἀβοήθητος, ἑαυτὸν χαρισάμενος καὶ ἐκδεχόμενος εἰκῇ ὥσπερ ἕρμαιον τοῖς προκαταλαβοῦσιν αὐτὸν 25 λόγοις· (165) οἳ δ' ἔν τε τοῖς ἄλλοις ἔσφηλαν τοὺς ἔχοντας, καὶ δὴ καὶ τοῦ πάντων μεγίστου καὶ ἀναγκαιοτάτου, τῆς

---

5 ἐπείσθη ῥᾳδίως halte ich mit Bengel für ein Glossem
14 ἢ Voss καὶ A   17 πρὸς A πρὸ Bengel am Rand   25 ἐκδεχόμενος A ἐνδεχόμενος Bengel am Rand ἐκδιδόμενος oder ἐκδεδομένος vermute ich

περὶ τὸ θεῖον γνώσεως καὶ εὐσεβείας. (166) καὶ μένουσιν
ὅμως ἐν αὐτοῖς δεδεμένοι τρόπον τινά, καὶ οὐκέτ' ἂν αὐτοῖς
οὐδεὶς ῥύσαιτο ῥᾳδίως, ὥσπερ ἐκ τενάγους ἐν πεδίῳ πλατυ-
τάτῳ δυσδιαβάτῳ, οὐκέτι ἐῶντος τοὺς ἐμπεσόντας ἅπαξ οὔτε
5 παλινδρομήσαντας οὔτε καὶ περαιωσαμένους διασώζεσθαι, ἐν
αὐτῷ δὲ αὐτοὺς κατέχοντας μέχρι τελευτῆς· (167) ἢ ὥσπερ
ἐξ ὕλης βαθείας καὶ δασείας καὶ ὑψηλῆς, εἰς ἣν εἰσῆλθε μέν
τις ὁδοιπόρος, ὡς δὴ καὶ ἐξορμήσων ἴσως καὶ ἐν καθαρῷ
πάλιν αὑτὸν καταστήσων τῷ ἔρκει, ὑπὸ δὲ μήκους καὶ δα-
10 σύτητος οὐχ οἷός τε γίνεται, πάμπολλα στρεφόμενος ἐν αὐτῷ,
ὁδούς τέ τινας ἔνδον εὑρίσκων συνεχεῖς ποικίλα ὁδοιπορεῖ,
ὡς δὴ διά τινος αὐτῶν ἐξορμήσων τάχα· αἱ δ' ἐπὶ τὰ ἔνδον
ἄγουσι μόνον, ἔξοδον δὲ οὐδαμῶς, αὐτῆς τε τῆς ὕλης μόνης
ὁδοί τινες οὖσαι· τέλος δὲ ὁ ὁδοιπόρος ἀποκαμὼν καὶ ἀπα-
15 γορεύσας, ὡς δὴ πάντων ὕλης γενομένων καὶ οὐκέτι οὐδενὸς
ὄντος ἐπὶ γῆς οἰκητηρίου, ἐκεῖ μένειν ἐθέλει τὴν ἑστίαν
καταστησάμενος, καὶ εὐρυχωρίαν αὐτῷ ὡς οἷόν τε ἐν τῇ ὕλῃ
ἐκποριζόμενος· (168) καὶ ὥσπερ ἔκ τινος λαβυρίνθου, εἰς
ὃν εἰσόδου φαινομένης μιᾶς οὐδὲν ποικίλον ἐκ τῶν ἔξωθεν
20 ὑποτοπήσας τις εἰσελθὼν διὰ τῆς φαινομένης θύρας μιᾶς,
εἶτα προχωρήσας ἄχρι τῶν ἐνδοτάτω, ποικίλον τε ἰδὼν θέαμα
καὶ κατασκεύασμα πάνσοφον πολύπορόν τε καὶ εἰσόδοις καὶ
ἐξόδοις συνεχέσι σεσοφισμένον, ἐθέλων μέντοι καὶ ἐξιέναι
10ᵛ μηκέθ' οἷός τε εἴη, ἐναποληφθεὶς ἔνδον ὑπὸ σοφοῦ | δοκοῦντος
25 αὐτῷ κατασκευάσματος. (169) οὐδεὶς δὲ οὔτε λαβύρινθος οὕτω
δυσεξέλικτος καὶ ποικίλος, οὔτε ὕλη δασεῖα καὶ ποικίλη,
οὔτε πεδίον οὕτως ἢ τέναγος δεινὸν κρατῆσαι τοὺς ἐμπελά-
σαντας ὡς λόγος, εἴ τις εἴη κατ' αὐτῶν τῶνδέ τινων φιλο-
σόφων.

---

9 αὐτὸν aus αὐτὸν corr A   17 αὐτῷ] αὐτῷ A   28 κατ'
αὐτῶν A καταντῶν Bengel am Rand

(170) Ἵνα δὴ οὖν μὴ ταὐτὸν τοῖς πολλοῖς πάθοιμεν, πρὸς μὲν ἕνα τινὰ οὐκ ἦγε τῶν φιλοσόφων λόγων, οὐδὲ κατ' αὐτοὺς ἀπιέναι ἠξίου, πρὸς δὲ πάντας ἦγεν, οὐδενὸς ἀπειράστους εἶναι θέλων δόγματος Ἑλληνικοῦ. (171) καὶ αὐτὸς δὲ συνεισῄει προηγούμενος καὶ χειραγωγῶν ὥσπερ ἐν ὁδοιπορίᾳ, 5 εἴ που καὶ ὑπαντῆσαι τι σκολιὸν καὶ ὕπουλον καὶ σοφισματῶδες· οἷα δὴ τεχνίτης, ἐκ τῆς ἐκ πολλοῦ τοῖς λόγοις συνδιατριβῆς οὐκ ἀήθης οὐδενὸς οὐδὲ ἄπειρος ὢν, μετέωρος αὐτός τε ἐν ἀσφαλεῖ μένοι, καὶ ἄλλοις ὀρέγων χεῖρα διασώζοιτο ὥσπερ βαπτιζομένους ἀνιμώμενος· (172) πᾶν μὲν, 10 ὅ τι χρήσιμον φιλοσόφων ἑκάστων καὶ ἀληθὲς ἦν, ἀναλέγων καὶ παρατιθέμενος ἡμῖν· (173) ὅσα δὲ ψευδῆ, ἐκκρίνων, τά τε ἄλλα καὶ μάλιστα ὅσα ἴδια πρὸς εὐσέβειαν ἦν ἀνθρώπων.

XV. Περὶ τούτων μὲν μηδὲν προσέχειν συμβουλεύων, μηδὲ εἰ πάνσοφός τις ὑπὸ πάντων ἀνθρώπων μαρτυρηθείη, 15 μόνῳ δὲ προσέχειν θεῷ καὶ τοῖς τούτου προφήταις· (174) αὐτὸς ὑποφητεύων καὶ σαφηνίζων ὅ τί ποτε σκοτεινὸν καὶ αἰνιγματῶδες ᾖ, οἷα πολλὰ ἐν ταῖς ἱεραῖς ἐστι φωναῖς (ἤτοι οὕτω φίλον ὂν τῷ θεῷ προσομιλεῖν ἀνθρώποις, ὡς μὴ καὶ ἀναξίαν ψυχήν, οἷαι αἱ πολλαί, γυμνὸς καὶ ἀσκεπὴς ὁ 20 θεῖος εἰσίῃ λόγος, ἢ καὶ τῇ φύσει μὲν σαφέστατον καὶ ἁπλούστατον πᾶν τὸ θεῖον λόγιον ὂν, ἡμῖν δὲ ἀποστᾶσι θεοῦ καὶ ἀπομεμαθηκόσιν ἀκροᾶσθαι ὑπὸ χρόνου καὶ παλαιότητος ἀσαφὲς καὶ σκοτεινὸν καταφαινόμενον, οὐκ ἔχω λέγειν)· πλὴν σαφηνίζων καὶ εἰς φῶς προάγων, εἴτε αἰνίγματα ὄντα 25 τυγχάνοι, δεινὸς ὢν ἀκροατὴς θεοῦ καὶ συνετώτατος· (175) εἴτε καὶ οὐδὲν σκολιὸν ἔχοντα τῇ φύσει οὐδ' ἀσύνετον αὐτῷ, οὕτως ἔχοντι μόνῳ τῶν νῦν ἀνθρώπων, ἃν αὐτός τε ἔγνων καὶ ἑτέρων ἤκουσα περί τινων λεγόντων, μεμελετηκότι τὰ καθαρὰ

---

6 ὑπαντῆσαι corr aus ὑπαντῆσαι A¹   25 προάγων] hinter ά
ein Buchst. ausradiert A

τῶν λογίων φωτεινά τε παραδέχεσθαι αὐτοῦ τῇ ψυχῇ καὶ
διδάσκεσθαι ἑτέρους· (176) ὅτι αὐτῶν ὁ πάντων ἀρχηγός, ὁ
τοῖς τοῦ θεοῦ φίλοις προφήταις ὑπηχῶν καὶ ὑποβάλλων
πᾶσαν προφητείαν καὶ λόγον μυστικὸν καὶ θεῖον, οὕτως
5 αὐτὸν τιμήσας ὡς φίλον προήγορον κατεστήσατο· (177) ὧν
δι᾽ ἑτέρων ἠνίξατο μόνον, τούτων διὰ τούτου τὴν διδασκαλίαν
ποιούμενος, ὅσα τε ἀξιοπιστότατος ὢν ἢ προσέταξε βασιλι-
κῶς ἢ καὶ ἀπεφήνατο, τούτων τοὺς λόγους διερευνᾶσθαί τε
καὶ ἐξευρίσκειν τούτῳ δωρησάμενος· (178) ἵν᾽ εἴ τις σκληρὸς
10 τὴν ψυχὴν καὶ ἄπιστος ἢ καὶ φιλομαθὴς ὢν τύχοι, παρὰ
τούτου μαθὼν καὶ συνεῖναι καὶ πιστεύειν ἐλέσθαι ἀναγκά-
ζοιτο τρόπον τινὰ καὶ ἕπεσθαι θεῷ. (179) λέγει τε ταῦτα
οὐκ ἄλλως οἶμαι ἢ κοινωνίᾳ τοῦ θείου πνεύματος· τῆς γὰρ
αὐτῆς δυνάμεως δεῖ προφητεύουσί τε καὶ ἀκροωμένοις προ-
15 φητῶν· καὶ οὐκ ἂν ἀκοῦσαι προφήτου, ᾧ μὴ αὐτὸ τὸ πνεῦμα
τὸ προφητεῦσαν τὴν σύνεσιν τῶν αὐτοῦ λόγων ἐδωρήσατο.
11ʳ(180) τοιοῦτον | ἔγκειται λόγιον καὶ ἐν τοῖς ἱεροῖς γράμμασι,
τὸν κλείοντα ἀνοιγνύναι μόνον λέγον, ἄλλον δὲ μηδ᾽ ὁντινοῦν·
ἀνοίγει δὲ τὰ κεκλεισμένα σαφηνίζων τὰ αἰνίγματα ὁ θεῖος
20 λόγος. (181) δῶρον τὸ μέγιστον οὗτος τοῦτο θεόθεν ἔχει
λαβὼν καὶ μοῖραν παγκάλην οὐρανόθεν, ἑρμηνεὺς εἶναι τῶν
τοῦ θεοῦ λόγων πρὸς ἀνθρώπους, συνιέναι τὰ θεοῦ ὡς θεοῦ
λαλοῦντος, καὶ διηγεῖσθαι ἀνθρώποις ὡς ἀκούουσιν ἄνθρω-
ποι. (182) τοιγαροῦν οὐδὲν ἡμῖν ἄρρητον, οὐδὲ γὰρ κεκρυμ-
25 μένον καὶ ἄβατον ἦν· ἐξῆν δὲ μανθάνειν πάντα λόγον, καὶ
βάρβαρον καὶ Ἕλληνα, καὶ μυστικώτερον καὶ πολιτικώτερον,
καὶ θεῖον καὶ ἀνθρώπινον, σὺν πάσῃ περιουσίᾳ ἐκπεριϊοῦσι
πάντα καὶ διερευνωμένοις, καὶ πάντων ἐμφορουμένοις καὶ
ἀπολαύουσι τῶν τῆς ψυχῆς ἀγαθῶν· εἴτε τι παλαιὸν ἀλη-

θείας μάθημα, είτε καὶ ἄλλο τις ὀνομάσαι τοιοῦτον ἔχοι, ἐν
αὐτῷ ἦμεν ἔχοντες τὴν θαυμαστὴν καὶ πλήρη τῶν καλλίστων
θεαμάτων παρασκευὴν καὶ ἐξουσίαν. (183) καὶ συνελόντα
εἰπεῖν παράδεισος ἡμῖν ὄντως οὗτος ἦν, μιμητὴς τοῦ μεγάλου
παραδείσου τοῦ θεοῦ, ἐν ᾧ γῆν μὲν ἐργάζεσθαι οὐκ ἦν τὴν 5
κάτω οὐδὲ σωματοτροφεῖν παχυνομένους, τὰ δὲ ψυχῆς μόνον
αὔξειν πλεονεκτήματα, ὥσπερ τινὰ φυτὰ ὡραῖα ἑαυτοῖς φυ-
τεύσαντας ἢ ἐμφυτευθέντας ἡμῖν ὑπὸ τοῦ πάντων αἰτίου,
εὐφραινομένους καὶ τρυφῶντας.

XVI. (184) Οὗτος παράδεισος ἀληθῶς τρυφῆς, 10
αὕτη ἀληθὴς εὐφροσύνη καὶ τρυφή, ἣν ἐτρυφήσαμεν ἐν τῷ
διηνυσμένῳ τῷδε χρόνῳ, καὶ οὐκ ὀλίγῳ ἤδη καὶ ὀλίγῳ πάντη,
εἰ μέχρι τούτου στήσεται, ἀπελθοῦσιν ἤδη καὶ ἀναχωρήσασιν
ἐντεῦθεν. (185) οὐκ οἶδα γὰρ τί παθὼν ἢ πάλιν ἁμαρτὼν
ἐκπορεύομαι, ἐξελαίνομαι· τί χρὴ λέγειν, ἀγνοῶ, ἀλλ' ὅτι 15
δεύτερος ἐκ παραδείσου Ἀδὰμ ἐγώ, καὶ λαλεῖν ἠρξάμην.
ὡς καλῶς ἔζων, ἀκούων λέγοντος διδασκάλου καὶ σιωπῶν·
ὡς ὄφελον καὶ νῦν ἡσυχίαν ἄγειν ἐμάνθανον σιωπῶν, ἀλλὰ
μὴ (τὸ καινὸν τοῦτο θέαμα) ἀκροατὴν τὸν διδάσκαλον ποιή-
σασθαι. (186) τί γάρ μοι ἔδει τῶν λόγων τούτων; τί δὲ 20
καὶ προσφθέγγεσθαι τοιαῦτα, μὴ ἀπεῖναι προσκαρτερεῖν δὲ
δέον; ἀλλὰ τῆς παλαιᾶς ἀπάτης ἔοικεν εἶναι ταῦτα πλημ-
μελήματα, τῶν τε ἀρχαίων δίκαι αἵδε με μένουσιν ἔτι·
(187) ἢ καὶ αὖθις ἀπειθεῖν μοι δοκῶ, ὑπερβαίνειν τολμῶν
τοὺς λόγους τοῦ θεοῦ, μένειν δέον ἐν αὐτοῖς καὶ πρὸς αὐτοῖς. 25
ὃ δὲ ἄπειμι, φεύγων μὲν ἀπὸ τῆς μακαρίας ταύτης ζωῆς
οὐχ ἧττον ὅδ' ἐγώ, ἢ ἀπὸ προσώπου θεοῦ ὁ παλαιὸς ἐκεῖνος
ἄνθρωπος, εἰς δὲ τὴν γῆν ἐπιστρέφων, ἐξ ἧς ἐλήφθην·

---

5 vgl Gen 3, 23   8 vgl Mt 15, 13   10 οὗτος aus
οὕτω corr A¹ vgl Gen 3, 23   18 ὄφελον scheint aus ὤφελον
corr A   28 vgl Gen 3, 19

(188) γῆν τοιγαροῦν ἔδομαι πάσας τὰς ἡμέρας τῆς ἐκεῖ ζωῆς
μου, καὶ γῆν ἐργάζομαι, καὶ ταύτην ἀκάνθας καὶ τριβό-
λους ἀνατέλλουσάν μοι, τὰς ἐμὰς λύπας καὶ φροντίδας τὰς
ἐπονειδίστους, ἀφειμένος τῶν καλῶν καὶ ἀγαθῶν φροντίδων·
5 (189) καὶ ἃ καταλέλοιπα, πρὸς ταῦτα πάλιν ἐπιστρέφων,
τὴν γῆν, ὅθεν ἐξῆλθον, καὶ τὴν συγγένειαν τὴν ἐμὴν τὴν
κάτω, καὶ εἰς τὸν οἶκον τοῦ πατρός μου· ἀπολιπὼν γῆν τὴν
ἀγαθὴν, ἔνθα μοι οὖσα ἡ ἀγαθὴ πατρὶς ἠγνοεῖτο πάλαι,
καὶ συγγενεῖς, οἷς ἔχων ψυχῆς ἐμῆς οἰκείους ὕστερον γινώ-
11ʳσκειν | ἠρξάμην, καὶ τὸν οἶκον τοῦ ἀληθῶς πατρὸς ἡμῶν, ἐν
ᾧ μένων ὑπὸ τῶν ἐν αὐτῷ μένειν ἐθελόντων υἱῶν τῶν ἀλη-
θῶν σεμνῶς τιμᾶται καὶ γεραίρεται ὁ πατήρ. ἐγὼ δὲ ἄσεμνος
καὶ ἀνάξιος ἐξέρχομαι τῶνδε, στραφεὶς εἰς τὰ ὀπίσω καὶ
παλινδρομῶν.

15   (190) Λέγεταί τις υἱὸς, παρὰ πατρὸς ἀπολαβὼν τὸν
ἐπιβάλλοντα αὐτῷ πρὸς ἕτερον αὐτοῦ ἀδελφὸν κλῆρον, ἀπο-
δημῆσαι τοῦ πατρὸς εἰς χώραν μακρὰν θελήσας τοῦτο· ζῶν
δὲ ἀσώτως διασπαθῆσαι τὴν πατρῴαν οὐσίαν καὶ κατανα־
λῶσαι· τέλος δὲ κατὰ ἀπορίαν ἑαυτὸν μισθώσας συφορβεῖν,
20 ὑπὸ λιμοῦ δὲ ἀναγκαζόμενος καὶ κοινωνεῖν τῶν τροφῶν τοῖς
χοίροις ἐπιθυμεῖν μὲν, μὴ τυγχάνειν δὲ μηδὲ τούτου. δίκην
οὖν ἐξέτισε τῆς ἀσωτίας, ἀντὶ τραπέζης τῆς πατρικῆς οὔσης
βασιλικῆς ἀμειψάμενος, ἃς οὐ προείδετο, τὰς χοιρείους καὶ
τὰς ἐν θητείᾳ τροφάς. (191) τοιοῦτόν τι πείσεσθαι ἐοίκαμεν
25 ἀπελθόντες, καὶ οὐδὲ σὺν παντὶ τῷ ἐπιβάλλοντι κλήρῳ·
οὐδὲ γὰρ λαβόντες ἃ ἐχρῆν, ἄπιμεν δὲ ὅμως, τὰ μὲν καλὰ
καὶ φίλα καταλιπόντες μετὰ σοῦ καὶ παρὰ σοὶ, ἀμειψάμενοι
δὲ τὰ χείρω. (192) διαδέξεται γὰρ ἡμᾶς σκυθρωπὰ πάντα,

---

1 vgl Gen 3, 17. 14   2—3 vgl Gen 3, 18
6—7 vgl Gen 12, 1   13—14 ση A¹ am Rand   15 ff vgl
Lc 15, 11 ff   26 ⟨ἄπιμεν·⟩ ἄπιμεν δὲ P Cas (vgl S. 37 Z. 5)

θόρυβος καὶ τάραχος ἐξ εἰρήνης, καὶ ἐξ ἡσύχου καὶ εὐτάκτου
βίος ἄτακτος, ἐκ δὲ ἐλευθερίας ταύτης δουλεία χαλεπή,
ἀγοραὶ καὶ δίκαι καὶ ὄχλοι καὶ χλιδή· (193) καὶ σχολή
μὲν ἡμῖν οὐκέτι πρὸς τὰ κρείττω οὐδ᾽ ἡτισοῦν, οὐδὲ λόγια
τὰ θεῖα λαλήσομεν, λαλήσομεν δὲ τὰ ἔργα τῶν ἀνθρώ- 5
πων (τοῦτο δὴ καὶ ἁπλοῦς ἀρά τις εἶναι νενόμισται ἀνδρὶ
προφήτῃ), ἡμεῖς δὲ καὶ πονηρῶν ἀνθρώπων. (194) νὺξ ὄντως
ἐξ ἡμέρας, ἐκ δὲ λαμπροῦ φωτὸς σκότος, καὶ ἐκ πανηγύρεως
πένθος, καὶ ἐκ πατρίδος πολεμία χώρα διαδέξεται ἡμᾶς,
ἐν ᾗ ᾠδὴν μὲν ἱερὰν οὐκ ἔξεστί μοι ᾄδειν (πῶς γὰρ ἐν γῇ 10
ἀλλοτρίᾳ τῆς ψυχῆς μου, ἔνθα μένοντα οὐκ ἔστι προσεῖναι
θεῷ;) κλαίειν δὲ μόνον καὶ στένειν, ὑπομιμνησκόμενον τῶν
ἐνταῦθα, εἰ καὶ τοῦτό μοί τις συγχωρήσεται.

(195) Πολέμιοί ποτε λέγονται ἐπελθόντες πόλει μεγάλῃ
καὶ ἱερᾷ, ἐν ᾗ τὸ θεῖον ἐθεραπεύετο, αἰχμαλώτους κατασῦραι 15
τοὺς ἐνοικοῦντας καὶ ὑμνῳδοὺς καὶ θεολόγους εἰς τὴν αὐτὴν
χώραν, Βαβυλωνία δὲ ἦν· τοὺς δ᾽ ἐνεχθέντας εἰς αὐτὴν μηδ᾽
ἀξιουμένους ὑπὸ τῶν κρατούντων ὑμνεῖν ἐθέλειν τὸ θεῖον,
μηδὲ ψάλλειν ἐν γῇ βεβήλῳ· ἀλλὰ τὰ μὲν ὄργανα τὰ· μουσικὰ
κρεμάσαι ἐπὶ τῶν ἰτεῶν ἀρτήσαντας, αὐτοὺς δὲ κλαίειν ἐπὶ 20
τῶν ποταμῶν Βαβυλῶνος. (196) ἐκείνων τις εἶναι δοκῶ,
ἐξελαυνόμενος ἀπὸ πόλεως καὶ πατρίδος ἐμῆς ταύτης καὶ
ἱερᾶς· ἔνθα μεθ᾽ ἡμέραν τε καὶ νύκτα οἱ ἱεροὶ ἀπαγγέλλονται
νόμοι ὕμνοι τε καὶ ᾠδαὶ καὶ λόγοι μυστικοί, καὶ φῶς τὸ
ἡλιακὸν καὶ τὸ διηνεκές, ἡμέρας ὕπερ ἡμῶν προσομιλούντων 25
τοῖς θείοις μυστηρίοις, καὶ νυκτὸς ὧν ἐν ἡμέρᾳ εἶδέ τε καὶ
ἔπραξεν ἡ ψυχὴ ταῖς φαντασίαις κατεχομένων· καὶ ὅλως

---

3 χλιδή] χλιδαὶ· aber von I. Hand corr aus χλιδῆ [?] M
5 Ps 16, 4   6 τοῦτο] ob τοῦθ᾽ ὅ? ἀρά aus ἄρα corr A²
10—11 Ps 136, 4   12—15 ση A¹ am Rand   14 vgl
IV Regn (II Regg) 24. 25   16 αὐτὴν] αὐτῶν Cas   18—21 vgl
Ps 136, 1—3   25 ὕπερ] ὕπαρ Bengel am Rand

συνελόντα εἰπεῖν ἔνθα ἡ ἔνθεος διὰ παντὸς κατακωχή,
(197) ταύτης ἐξελαίνομαι, αἰχμάλωτος φερόμενος εἰς τὴν
ἀλλοτρίαν γῆν, ἔνθα μοι οὔτε αὐλεῖν ἐξέσται κρεμασαμένῳ
12ʳτὸ ὄργανόν μου, ὥσπερ | κἀκείνοις, ἀπὸ τῶν ἰτεῶν· ἀλλ᾿ ἐν
5 μὲν τοῖς ποταμοῖς ἔσομαι, πηλὸν δὲ ἐργάσομαι καὶ ὕμνους
λέγειν οὐκ ἐθελήσω, μεμνημένος· ἀλλ᾿ ἴσως ὑπὸ κακοεργίας
τῆς ἄλλης καὶ ἐπιλήσομαι συληθεὶς κατὰ τὰς μνήμας.
(198) εἰ δὲ καὶ ἀπιὼν οὐκ ἄκων μόνον, ὥσπερ αἰχμάλωτος,
ἀλλὰ καὶ ἑκὼν ἄπειμι, οὐχ ὑπ᾿ ἄλλου του, ὑπὸ δὲ ἐμαυτοῦ
10 ἐκπεπολεμημένος, ἐξὸν μένειν, (199) τάχα καὶ ἀπιὼν ἐν-
τεῦθεν οὐκ ἀσφαλῶς πορεύσομαι, ὡς ἀπὸ ἀσφαλοῦς καὶ
εἰρηνευομένης τινὸς πόλεως ἐξελθών· εἰκὸς δὲ ὡς ἄρα ὁδοι-
πορῶν καὶ λῃσταῖς συντεύξομαι καὶ συλληφθήσομαι, καὶ
γυμνωθεὶς τρωθήσομαι τραύμασι πολλοῖς, καὶ κείσομαί που
15 ἡμιθνὴς ἐρριμμένος.

XVII. (200) Ἀλλὰ τί ταῦτα θρηνῶ; ἔστιν ὁ σωτὴρ
πάντων, καὶ τῶν ἡμιθανῶν καὶ τῶν λελῃστευμένων πάντων
κηδεμὼν καὶ ἰατρός, λόγος, ὁ ἄγρυπνος φύλαξ πάντων ἀν-
θρώπων· (201) ἔστιν ἡμῖν καὶ σπέρματα, ἅ τε ἔχοντας ἡμᾶς
20 ἀνέδειξας καὶ ὅσα παρὰ σοῦ εἰλήφαμεν, τὰς καλὰς ὑπο-
θήκας· σὺν οἷς ἄπιμεν, κλάοντες μὲν ὡς πορευόμενοι, φέροντες
δὲ σὺν αὑτοῖς ὅμως τὰ σπέρματα ταῦτα. ἴσως μὲν οὖν δια-
σώσεται ἡμᾶς ὁ φύλαξ ἐπιστάς· (202) ἴσως δὲ ὑποστρέψομεν
πρὸς σὲ πάλιν, φέροντες ἐκ τῶν σπερμάτων καὶ τοὺς καρποὺς
25 καὶ τὰς δραγμίδας, τελείας μὲν οὐχὶ (πῶς γὰρ ἄν); οἵας δὲ
δυνατὸν ἡμῖν ἀπὸ τῶν ἐν πολιτείᾳ πράξεων, διεφθαρμένας

2—6 vgl Ps 136, 1—3   6 κακοεργίας A κακουργίας V
7 κατὰ] καὶ Bengel am Rand   12—15 vgl Lc 10, 30
20—22 vgl Ps 125, 6   22 αὐτοῖς] αὐτοῖς A   25 πῶς γὰρ ἄν;]
πῶς γὰρ οὖν; Rhod πῶς γάρ; P Voss πῶς γὰρ οὔ· A
26 διεφθαρμένας] διεφθαρμένα A διεφθαρμένη PM [corr]

μὲν τῇ δυνάμει ἢ ἀκάρπῳ ἢ κακοκάρπῳ τινί, μὴ καὶ προσ-
διαφθαρησομένῃ δὲ παρ' ἡμῖν, εἰ ὁ θεὸς ἐπινεύοι.

XVIII. (203) Ἐμοὶ μὲν οὖν ἐνταῦθα παυέσθω ὁ λόγος,
θρασυνόμενος μὲν ἐφ' οὗ ἥκιστα ἐχρῆν, εὐγνωμόνως δὲ καὶ
εὐχαριστήσας που οἶμαι κατὰ δύναμιν τὴν ἡμετέραν, ἄξιον 5
μὲν οὐδὲν λεγόντων, οὐ μὴν σιωπησάντων παντελῶς· καὶ ἔτι
καὶ ἀποκλαυσάμενος, οἷον οἱ ἀποδημοῦντες τῶν φίλων εἰ-
ώθασι, μειρακιῶδες, μὴ θωπείας ἐχόμενον οὐδὲν οὐδὲ ἀρχαι-
ότερον ἢ περιεργότερον, οὐκ οἶδα· πρόσεστι μέντοι αὐτῷ καὶ
τὸ μὴ πεπλασμένον, τοῦτο σαφῶς γινώσκω, ἀληθὲς δὲ πάντῃ, 10
γνώμῃ ὑγιεῖ καὶ προαιρέσει εἰλικρινεῖ καὶ ὁλοκλήρῳ.

XIX. (204) Σὺ δὲ ἀναστάς, ὦ φίλη κεφαλή, καὶ εὐξά-
μενος ἤδη πέμπε ἡμᾶς, σώσας μὲν παρόντας τοῖς ἱεροῖς
σου μαθήμασι, σώζων δὲ ταῖς εὐχαῖς καὶ ἀποδημήσαντας·
(205) καὶ δὴ παραδίδου καὶ παρατίθεσο, μᾶλλον δὲ παρα- 15
δίδου τῷ ἀγαγόντι ἡμᾶς πρὸς σὲ θεῷ· εὐχαριστῶν μὲν ἐπὶ
τοῖς φθάνουσιν ὑπὲρ ἡμῶν, παρακαλῶν δὲ χειραγωγεῖν καὶ
ἐν τοῖς μέλλουσι, διὰ παντὸς ἐφεστῶτα, ὑπηχοῦντα τῷ νῷ
ἡμῶν τὰ αὐτοῦ προστάγματα, ἐμβάλλοντα ἡμῖν τὸν θεῖον
φόβον αὐτοῦ, παιδαγωγὸν ἄριστον ἐσόμενον· οὐ γὰρ ἐν τῇ 20
μετὰ σοῦ ἐλευθερίᾳ καὶ ἀπελθόντες ὑπακούσομεν αὐτῷ.
(206) παρακάλεσον καὶ παραμυθίαν τινὰ ἡμῖν γενέσθαι παρ'
αὐτοῦ τῆς ἀπολείψεώς σου, πομπὸν ἀγαθὸν ἐξαποστεῖλαι
συνοδοιπόρον ἄγγελον. (207) αἴτησον δὲ καὶ ἵνα ἐπιστρέψας
ἡμᾶς ἀγάγῃ πρὸς σὲ πάλιν· καὶ τοῦτό γε μάλιστα πάντων 25
μόνον ἡμᾶς παραμυθήσεται.

20 οὐ γάρ] οὐ γὰρ ὡς M, doch ὡς übergeschr von I. Hand

Anhang.

Der Brief des Origenes an Gregorios Thaumaturgos.

(Philokalia Cap. XIII, p. 64—67 ed. Robinson,
mit der Überschrift:
Πότε καὶ τίσι τὰ ἀπὸ φιλοσοφίας μαθήματα χρήσιμα εἰς
τὴν τῶν ἱερῶν γραφῶν διήγησιν, μετὰ γραφικῆς μαρτυρίας.)

1. Χαῖρε ἐν θεῷ, κύριέ μου σπουδαιότατε καὶ αἰδε-
σιμώτατε υἱὲ Γρηγόριε, παρὰ Ὠριγένους.

Ἡ εἰς σύνεσιν, ὡς οἶσθα, εὐφυΐα ἔργον φέρειν δύναται
ἄσκησιν προσλαβοῦσα, ἄγον ἐπὶ τὸ κατὰ τὸ ἐνδεχόμενον, ἵν᾽
5 οὕτως ὀνομάσω, τέλος ἐκείνου, ὅπερ ἀσκεῖν τις βούλεται.
δύναται οὖν ἡ εὐφυΐα σου Ῥωμαῖόν σε νομικὸν ποιῆσαι
39ʳτέλειον | καὶ Ἑλληνικόν τινα φιλόσοφον τῶν νομιζομένων
ἐλλογίμων αἱρέσεων. ἀλλ᾽ ἐγὼ τῇ πάσῃ τῆς εὐφυΐας δυνάμει
σου ἐβουλόμην καταχρήσασθαί σε τελικῶς μὲν εἰς χριστια-
10 νισμόν· ποιητικῶς δὲ διὰ τοῦτ᾽ ἂν ηὐξάμην παραλαβεῖν σε
καὶ φιλοσοφίας Ἑλλήνων τὰ οἱονεὶ εἰς χριστιανισμὸν δυνά-
μενα γενέσθαι ἐγκύκλια μαθήματα ἢ προπαιδεύματα, καὶ τὰ

---

5 ἀσκεῖν] ἀρκεῖν B   6 ῥωμαῖον corr aus ῥωμαίων B¹
10 ποιητικῶς δέ. διὰ Rob

ἀπὸ γεωμετρίας καὶ ἀστρονομίας χρήσιμα ἐσόμενα εἰς τὴν
τῶν ἱερῶν γραφῶν διήγησιν· ἵν᾽, ὕπερ φασὶ φιλοσόφων
παῖδες περὶ γεωμετρίας καὶ μουσικῆς γραμματικῆς τε καὶ
ῥητορικῆς καὶ ἀστρονομίας, ὡς συνερίθων φιλοσοφίᾳ, τοῦθ᾽
ἡμεῖς εἴπωμεν καὶ περὶ αὐτῆς φιλοσοφίας πρὸς χριστια- 5
νισμόν.

2. Καὶ τάχα τοιοῦτό τι αἰνίσσεται τὸ ἐν Ἐξόδῳ γεγραμ-
μένον ἐκ προσώπου τοῦ θεοῦ, ἵνα λεχθῇ τοῖς υἱοῖς Ἰσραὴλ
αἰτεῖν παρὰ γειτόνων καὶ συσκήνων σκεύη ἀργυρᾶ καὶ
χρυσᾶ καὶ ἱματισμόν· ἵνα σκυλεύσαντες τοὺς Αἰγυπτίους 10
εὕρωσιν ὕλην πρὸς τὴν κατασκευὴν τῶν παραλαμβανομένων
εἰς τὴν πρὸς θεὸν λατρείαν. ἐκ γὰρ ὧν ἐσκύλευσαν τοὺς
Αἰγυπτίους οἱ υἱοὶ Ἰσραὴλ τὰ ἐν τοῖς ἁγίοις τῶν ἁγίων
κατεσκεύασται, ἡ κιβωτὸς μετὰ τοῦ ἐπιθέματος καὶ τὰ
χερουβὶμ καὶ τὸ ἱλαστήριον καὶ ἡ χρυσῆ στάμνος, ἐν ᾗ ἀπέ- 15
κειτο τὸ μάννα τῶν ἀγγέλων ὁ ἄρτος. ταῦτα μὲν οὖν ἀπὸ
τοῦ καλλίστου τῶν Αἰγυπτίων εἰκὸς γεγονέναι χρυσοῦ· ἀπὸ
δὲ δευτέρου τινὸς παρ᾽ ἐκεῖνον ἡ στερεὰ δι᾽ ὅλου χρυσῆ
λυχνία, πλησίον τοῦ ἐσωτέρου καταπετάσματος, καὶ οἱ ἐπ᾽
αὐτῆς λύχνοι, καὶ ἡ χρυσῆ τράπεζα, ἐφ᾽ ἧς ἦσαν οἱ ἄρτοι 20
τῆς προθέσεως, καὶ μεταξὺ ἀμφοτέρων τὸ χρυσοῦν θυμια-
τήριον. εἰ δέ τις ἦν | τρίτος καὶ τέταρτος χρυσός, ἐξ ἐκείνου 40ʳ
κατεσκευάζετο τὰ σκεύη τὰ ἅγια. καὶ ἀπὸ ἀργύρου δὲ Αἰγυ-
πτίου ἄλλα ἐγίνετο· ἐν Αἰγύπτῳ γὰρ παροικοῦντες οἱ υἱοὶ
Ἰσραὴλ τοῦτο ἀπὸ τῆς ἐκεῖ παροικίας κεκερδήκασι, τὸ εὐπο- 25
ρῆσαι τοσαύτης ὕλης τιμίας εἰς τὰ χρήσιμα τῇ λατρείᾳ τοῦ
θεοῦ. ἀπὸ δὲ Αἰγυπτίων ἱματισμοῦ εἰκὸς γεγονέναι ὅσα
ἐδεήθη ἔργων, ὡς ὠνόμασεν ἡ γραφή, ῥαφιδευτῶν, συῤῥα-

7—10 vgl Ex 11, 2. 12, 35 f   18 ἐκεῖνον aus ἐκείνων
corr B²   19 ἐπ᾽ aus ἀπ᾽ corr B²   28 Ex 27, 16
συῤῥαπτόντων corr Dräseke JpTh 1881 S. 110, 38 συῤῥαπτῶν B

πτόντων τῶν ῥαφιδευτῶν μετὰ σοφίας θεοῦ τὰ τοιάδε ἱμάτια
τοῖς τοιοισδὶ, ἵνα γένηται τὰ καταπετάσματα καὶ αἱ αὐλαῖαι
ἐξωτέρω καὶ ἐσωτέρω.

3. Καὶ τί με δεῖ ἀκαίρως παρεκβαίνοντα κατασκευάζειν,
5 εἰς ὅσα χρήσιμά ἐστι τοῖς υἱοῖς Ἰσραὴλ τὰ ἀπ᾽ Αἰγύπτου
παραλαμβανόμενα, οἷς Αἰγύπτιοι μὲν οὐκ εἰς δέον ἐχρῶντο,
Ἑβραῖοι δὲ διὰ τὴν τοῦ θεοῦ σοφίαν εἰς θεοσέβειαν ἐχρή-
σαντο; οἶδεν μέντοι ἡ θεία γραφή τισι πρὸς κακοῦ γεγονέναι
τὸ ἀπὸ τῆς γῆς τῶν υἱῶν Ἰσραὴλ εἰς Αἴγυπτον καταβεβη-
10 κέναι· αἰνισσομένη, ὅτι τισὶ πρὸς κακοῦ γίνεται τὸ παροι-
κῆσαι τοῖς Αἰγυπτίοις, τουτέστι τοῖς τοῦ κόσμου μαθήμασι,
μετὰ τὸ ἐντραφῆναι τῷ νόμῳ τοῦ θεοῦ καὶ τῇ Ἰσραηλιτικῇ
εἰς αὐτὸν θεραπείᾳ. Ἄδερ γοῦν ὁ Ἰδουμαῖος, ὅσον μὲν ἐν
τῇ γῇ τοῦ Ἰσραὴλ ἦν, μὴ γενόμενος τῶν Αἰγυπτίων ἄρτων,
15 εἴδωλα οὐ κατεσκεύαζεν· ὅτε δὲ ἀποδρὰς τὸν σοφὸν Σολο-
μῶντα κατέβη εἰς Αἴγυπτον, ὡς ἀποδρὰς ἀπὸ τῆς τοῦ θεοῦ
σοφίας συγγενὴς γέγονε τῷ Φαραώ, γήμας τὴν ἀδελφὴν τῆς
γυναικὸς αὐτοῦ καὶ τεκνοποιῶν τὸν τρεφόμενον μεταξὺ τῶν
παίδων τοῦ Φαραώ. διόπερ, εἰ καὶ ἐπανελήλυθεν εἰς τὴν
40ᵛ γῆν Ἰσραήλ, ἐπὶ | τῷ διασχίσαι τὸν λαὸν τοῦ θεοῦ ἐπανελή-
λυθεν, καὶ ποιῆσαι αὐτοὺς εἰπεῖν ἐπὶ τῇ χρυσῇ δαμάλει·
οὗτοί εἰσιν οἱ θεοί σου, Ἰσραήλ, οἱ ἀναγαγόντες
σε ἐκ γῆς Αἰγύπτου. κἀγὼ δὲ τῇ πείρᾳ μαθὼν εἴποιμ᾽
ἄν σοι, ὅτι σπάνιος μὲν ὁ τὰ χρήσιμα τῆς Αἰγύπτου λαβὼν
25 καὶ ἐξελθὼν ταίτης καὶ κατασκευάσας τὰ πρὸς τὴν λατρείαν
τοῦ θεοῦ· πολὺς δὲ ὁ τοῦ Ἰδουμαίου Ἄδερ ἀδελφός. οὗτοι

---

2 τοιοισδὶ Rob τοιούτοις δεῖ B   αὐλαῖαι] αὐλαῖαι αἱ Rob αἴλαὶ
αἱ B   5 εἰς ὅσα Rob ἴσως ἃ B   ἀπ᾽ B ἀπὸ Rob
8 οἶδεν zu οἶδε corr B²   13 ff vgl III Regn (I Regg) 11, 14 ff
21 δαμάλει Rob δαμάλη B   22—23 III Regn (I Regg) 12, 28
Ex 32, 4. 8

δέ εἰσιν οἱ ἀπό τινος Ἑλληνικῆς ἐντρεχείας αἱρετικὰ γεννή-
σαντες νοήματα, καὶ οἱονεὶ δαμάλεις χρυσᾶς κατασκευάσαντες
ἐν Βαιθήλ, ὃ ἑρμηνεύεται οἶκος θεοῦ. δοκεῖ δέ μοι καὶ διὰ
τούτων ὁ λόγος αἰνίσσεσθαι, ὅτι τὰ ἴδια ἀναπλάσματα ἀνέ-
θηκαν ταῖς γραφαῖς, ἐν αἷς οἰκεῖ λόγος θεοῦ, τροπικῶς 5
Βαιθὴλ καλουμέναις. τὸ δ' ἄλλο ἀνάπλασμα ἐν Δάν φησιν
ὁ λόγος ἀνατεθεῖσθαι. τοῦ δὲ Δὰν τὰ ὅρια τελευταῖά ἐστιν,
καὶ ἐγγὺς τῶν ἐθνικῶν ὁρίων· ὡς δῆλον ἐκ τῶν ἀναγεγραμ-
μένων ἐν τῷ τοῦ Ναυῆ Ἰησοῦ. ἐγγὺς οὖν εἰσιν ἐθνικῶν
ὁρίων τινὰ τῶν ἀναπλασμάτων, ἅπερ ἀνέπλασαν οἱ τοῦ 10
Ἄδερ, ὡς ἀποδεδώκαμεν, ἀδελφοί.

4. Σὺ οὖν, κύριε υἱέ, προηγουμένως πρόσεχε τῇ τῶν
θείων γραφῶν ἀναγνώσει· ἀλλὰ πρόσεχε. πολλῆς γὰρ προ-
σοχῆς ἀναγινώσκοντες τὰ θεῖα δεόμεθα· ἵνα μὴ προπετέ-
στερον εἴπωμέν τινα ἢ νοήσωμεν περὶ αὐτῶν. καὶ προσέχων 15
τῇ τῶν θείων ἀναγνώσει μετὰ πιστῆς καὶ θεῷ ἀρεσκούσης
προλήψεως κροῦε τὰ κεκλεισμένα αὐτῆς, καὶ ἀνοιγήσεταί
σοι ὑπὸ τοῦ θυρωροῦ, περὶ οὗ εἶπεν ὁ Ἰησοῦς· τούτῳ ὁ
θυρωρὸς ἀνοίγει. καὶ προσέχων τῇ θείᾳ ἀναγνώσει ὀρθῶς
ζήτει καὶ μετὰ πίστεως τῆς | εἰς θεὸν ἀκλινοῦς τὸν κεκρυμ- 41ʳ
μένον τοῖς πολλοῖς νοῦν τῶν θείων γραμμάτων. μὴ ἀρκοῦ
δὲ τῷ κρούειν καὶ ζητεῖν· ἀναγκαιοτάτη γὰρ καὶ ἡ περὶ τοῖ
νοεῖν τὰ θεῖα εὐχή· ἐφ' ἣν προτρέπων ὁ σωτὴρ οὐ μόνον
εἶπεν τό· κρούετε, καὶ ἀνοιγήσεται ὑμῖν· καὶ τό·
ζητεῖτε, καὶ εὑρήσετε· ἀλλὰ καὶ τό· αἰτεῖτε, καὶ 25
δοθήσεται ὑμῖν. ταῦτα ἀπὸ τῆς πρός σε ἐμοῦ πατρικῆς

---

1 γεννήσαντες Β, doch γ auf Rasur   οἱονεὶ aus οἷον ὁ corr B³
3 u. 6 vgl III Regn (I Regg) 12, 29   7—9 vgl
Jos 19, 40 ff   8 δῆλον Rob δῆλα B   17 προλήψεως
corr aus προσλήψεως B² vgl Mt 7, 7   18 Joh 10, 3
24—26 Mt 7, 7 Lc 11, 9

ἀγάπης τετόλμηται. εἰ δ᾽ εὖ ἔχει τὰ τετολμημένα ἢ μὴ,
θεὸς ἂν εἰδείη καὶ ὁ χριστὸς αὐτοῦ καὶ ὁ μετέχων πνεύ-
ματος θεοῦ καὶ πνεύματος χριστοῦ. μετέχοις δὲ σύ, καὶ ἀεὶ
αὔξοις τὴν μετοχήν, ἵνα λέγῃς οὐ μόνον τό· μέτοχοι τοῦ
5 χριστοῦ γεγόναμεν, ἀλλὰ καί· μέτοχοι τοῦ θεοῦ γεγό-
ναμεν.

4—5 Hebr 3, 14.

Anmerkungen zum Text.

Für die Ergänzung der jetzt in A fehlenden Buchstaben ist im all-gemeinen zu bemerken, dafs dort kleine Wörter, wie καὶ, οὐ, τοῖς meist abgekürzt geschrieben sind, und dafs auch bei den Endungen die abgekürzte Schreibweise vorherrscht. Wo die Ergänzung im Text sicher ist, habe ich nichts angemerkt.

S. 1, 8. Ἀγαθόν] sicherlich besser als Ἀσφαλές, was P aus 4, 27 entnommen zu haben scheint; Καλόν kann nicht in A gestanden haben, da der leere Raum 6—7 Buchstaben voraussetzt.

3, 12. ὁμολογήσαιμεν] Der Optativ ohne ἄν läfst sich schwer-lich rechtfertigen. Man kann ὁμολογήσωμεν oder ὁμο-λογήσαιμ᾽ ἄν oder ⟨ἄν⟩ ὁμολογήσαιμεν vermuten; der Conj. Aor. scheint wegen ἀπομιμώμεθα Z. 19 am passend-sten zu sein.

3, 23. ἐπεὶ καὶ περιφρονήσαντες] Wenn man περιφρονεῖν hier mit Bengel durch neglegere übersetzen wollte, so müfste man, um den Gegensatz der Worte zu den vorhergehen-den: ἀσπασάμενοι ἡδέως zum Ausdruck zu bringen, etwa schreiben: ἔστι δ᾽ ἃ καὶ περ. Aber περιφρονεῖν bedeutet hier circumspicere; Gregor betont, dafs er auf die Form seiner Rede Mühe verwandt habe. An der Ellipse ist kein Anstofs zu nehmen, vgl. ἐπεὶ καὶ ἀβοήθητος 31, 24.

4, 11. μή] „valet ut non dicam." Bengel.

6, 7. μνήμη διασώζεται] Um die im Wechsel des Subjekts liegende Härte zu beseitigen, habe ich μνήμην vorge-schlagen. Eine leichtere und bessere Änderung bietet uns aber z. B. Plato, Nomoi VIII 848 D ,παλαιῶν

μνήμῃ διασεσωμένων‘; danach schreibe man: μνήμῃ δια-
σώζεται, scil. ἃ ἔπαϑε καλά.

S. 7, 26. γερόμενον] = natum, vgl. Gal. 4, 4.

8, 5. τῶν αὐτοῦ δημ.] Gen. part. von τις abhängig; mit αὐτῆς
δέ Z. 7 beginnt der Nachsatz.

9, 12. ἄξιος] Vielleicht ἀξίως, oder ἄξιος ⟨καί⟩?

9, 19. τούτῳ] scil. ἔστω χαριστήριος. Das vorhergehende ἀνϑρώ-
πων ist Gen. obj.

10, 3. τοῦτον] abhängig von den vorausgehenden und zu er-
gänzenden Participien.

14, 3. τιμήσασι] scil. ἐμέ, die mich (meines Entschlusses wegen)
hochschätzten.

14, 4. διαπραξαμένοις] ist mit διανοουμένοις 13, 25 zu verbin-
den, wenn man nicht διαπραξαμένους ändern will.

14, 12 f. τὰ τοῦ λόγου] fast gleichbedeutend mit τὸν λόγον.

14, 20 f. τῷ — αἰτίῳ τούτῳ] Vgl. Plato, Sympos. 178 C. 194 E.
u. s. w.

15, 29 f. καὶ ἐκ πρώτης ἡλικίας] Die Änderung des Casaubonus:
ὁμιλίας ist unnötig, ἡλικία bezeichnet hier, wie 11, 12,
einen bestimmten Lebensabschnitt. Der von Gregor. 14,
28 f. ausgedrückte Gedanke, dafs die Ankunft in Kaisa-
reia den Anfang seines wirklichen, geistig - religiösen
Lebens bezeichne, wirkt noch 15, 29 f. nach.

16, 25. τὸν διδάσκαλον εὐσεβείας] nähere Ausführung zu ὅσα
Z. 23, daher der Acc.

17, 8 f. καὶ οἷς ἀπεδημήσαμεν] οἷς steht nicht für ὧν (wie Rhod.
schreiben wollte), sondern ist Dat. commodi.

17, 10 f. Das Citat ist ungenau, es heifst eigentlich: καὶ συνεδέϑη
ἡ ψυχὴ αὐτοῦ τῇ ψυχῇ Δαυίδ. Die Worte ‚τῇ ψυχῇ‘
sind vielleicht nur durch Flüchtigkeit eines Abschreibers
ausgefallen, da sie Gregor. 17, 28 und 18, 7 f. 9 f. bei
Wiederholung des Citates bietet.

17, 19. Zu dem Citat aus Dem. vgl. Euseb. h. e. VI 43, 16.

18, 27. ὥσπερ εἴ τις] Die Änderung: ὡσπερεί τις ist unnötig,
da auch οἷα 19, 3 des Verbum finitum entbehrt. Dieses
ist vielmehr zu εἰ wie zu οἷα aus den Participien 19,
16 ff. zu ergänzen. Vielleicht hat dem Redner bei seinem
Vergleich Mt. 13, 3 ff. (Mc. 4, 3 ff., Lc. 8, 5 ff.) vorge-
schwebt, eine Benutzung dieser Stellen ist aber nicht
anzunehmen.

19, 5—10. εἴ τις — ἀναγέρον ἀγρίων] Diese Worte bilden lediglich die Ausführung zu den vorhergehenden (19, 5) οὐ μὴν πάντη ἄχρηστον.

S. 19, 10 f. ἢ ἄγριον — φυτουργῷ] Wiederaufnahme von Z. 4—10.

19, 11 f. εὔκαρπον δὲ ἄλλως] ‚foecundum in aliam partem, ac scilicet vellet ὁ φυτουργός'. (Bengel, Not. p. 186). Die drei mit ἢ beginnenden Glieder (Z. 10—15) sind einander nebengeordnet, ‚quibus, sagt Bengel, in apodosi tria illa respondent, οὐκ ἄχρηστον, οὐκ ἀνωφελὲς, οὐκ ἀνήνυτον' (Z. 21).

19, 15. ὑπ᾽ ἀλλήλων] auf βλαστῶν Z. 14 zurückzubeziehen, während ἐμποδιζόμενον zu φυτόν (Z. 4) gehört. Die Konstruktion ist hart, aber erklärbar, da der Verf. Z. 15 für das weit entfernte φυτόν in Gedanken das fast identische βλαστόν aus βλαστῶν (Z. 14) einsetzt.

20, 3 f. ὡς ὑπὸ χαλινῷ — λόγῳ] Die Worte klingen an Jac. 3, 2. 3 an, sind aber wohl kaum daher entnommen, da der Vergleich bei den Rhetoren gebräuchlich war.

21, 22. ἐξεπαιδεύετο] unklar, ob Medium oder Passivum; Bengel zieht (Not. p. 188) ersteres vor.

22, 23 f. Ob Gregor hier an Jakobs Himmelsleiter gedacht hat? Vgl. Gen. 28, 12.

22, 24. ἑκατέρου τοῦ μαθήματος] scil. διά, wie Z. 28 ἐκ vor τῶν ἄλλων zu ergänzen ist.

23, 10 f. ἐξ ἧς — ἡ ψυχή] Die Konstruktion ist nicht ganz klar. Bengel verbindet κατεγνωσμένης mit ἀναρμοστίας und übersetzt: „qua maxime ex dissono, si animadvertatur, animus noster rectus solet effici." Vielleicht liegt ein Fehler im Text vor.

23, 27 ff. Zu der ganzen Stelle, die von den θεῖαι ἀρεταί handelt, vgl. Plato, Polit. IV, p. 433 A—C. Doch ist diese Stelle von Gregor wohl nicht direkt benutzt.

25, 14. ἐκποριζομένοις] abhängig von πεπείσθω Z. 12.

26, 5. ἢ — πειρώμενος] parallel den Participien ἀπαγγέλλων (Z. 2) und ἀξιῶν (Z. 3). Für ἢ schlage ich καί vor, das, abgekürzt geschrieben, bekanntlich oft mit ἢ verwechselt worden ist.

26, 10. εἶναι] scil. αὐτὸν σοφόν. Das folgende τ᾽ ἀληθές fasse ich adverb. auf = re vera.

26, 25. ἀνυσιμώτερον] scil. εἶναι, als Subjekt schwebt dem Redner noch τὸ δικαιοπραγεῖν (Z. 23) vor.

27, 6. τῷ πρὸς ἑαυτὴν εἶναι] scil. ψυχήν. Die Infinitive ἐθέλειν

und πειρᾶσθαι (Z. 7) sind dem Infinitiv εἶναι (Z. 6)
parallel.

S. 27, 12. τὴν αὐτὴν — ἀρετήν] Apposition zu φρόνησιν (Z. 11), doch
wegen der folgenden Ausführung einen selbständigen
Gedanken bildend.

27, 19 f. τὴν σωφροσύνην — οὖσαν·] Zu dieser Definition vgl. die
von Höschel und Voss citierten Stellen (bei Bengel,
Not. p. 202).

27, 23 f. ἐγκρατεῖς] scil. ὄντας. Zu den Worten: ‚καὶ ταύτην —
ἀρετὴν ταύτην‘ vgl. Z. 19 f.

28, 6.   σώφρονες] ergänze εἶναι. Die Auslassung ist auffällig,
aber bei Gregor nicht zu beanstanden.

28, 16.   ὑπομονῆς ἡμῶν — εὐσεβείας] Den vorher aufgezählten
allgemein menschlichen Tugenden werden noch zwei
specifisch christliche hinzugefügt.

28, 16—18. Die Sentenz hat Antonius in seine Melissa aufgenommen
(I Cap. 1), vgl. Ryssel, a. a. O. S. 52.

29, 1.   ἐξέλθοιμι] Der Schreiber von M hat διέλθοιμι korri-
giert; allerdings ist διέρχεσθαι das hier am nächsten
liegende Verbum, kommt aber bei Gregor ebenso wenig
wie διεξέρχεσθαι, woran man auch denken könnte, vor.
Eine Änderung ist aber unnötig, vgl. den trans. Ge-
brauch des Verbums bei den LXX (Gen. 44, 4. Jos. 2, 19),
Philo (I 372, 50) und Origenes (vol. III, p. 445 B), und
Sozom. h. e. 2, 4, wo ἐξέρχεσθαι dieselbe Bedeutung wie
hier = exsequi (oratione) hat.

30, 21.   αὐτοῦ] ‚refertur ad φιλοσοφεῖν· aut παρέλκει, ut apud
Latinos, quoad eius fieri potest‘. Bengel (Not. p. 211).

30, 25 f. λεγόντων μὲν ταῦτα] Wiederaufnahme von βουλομένων,
ἐπαγγελλομένων und φασκόντων (Z. 19 f.).

30, 26.   οὐδένεσι] ‚rara vox: sed non indigna hoc scriptore.‘
Casaubonus (bei Höschel Not. p. 505).

31, 4 f.   οἷς] ist sowohl mit ἐπείσθη (Z. 4), als auch mit ἠγάπα
(Z. 5) zu verbinden; zu ἠγάπα ist, wie ich glaube,
ἐπείσθη ῥᾳδίως als Erklärung beigeschrieben worden
und dann in den Text eingedrungen. Bengel bemerkt
(Not. p. 212) richtig: ‚certe ἐπείσθη ῥᾳδίως ostendit, quid
verbum καὶ ἠγάπα superaddat τῷ εἴπερ ἐπείσθη‘.

31, 21.   δεδεμένος] scil. ἐστί, mit οὐκέθ’ beginnt der Nachsatz.
Dem εἰ μέν entspricht οἳ δ’ [scil. λόγοι] Z. 26, wo die
Konstruktion wechselt; περὶ πάντων (Z. 22 f.) hängt von

λέγειν (Z. 22) ab, Bengel (p. 213) übersetzt es dagegen mit „prae omnibus“. Vgl. Plato, Gorg. p. 467 D = in allen Stücken.

31, 25. ἐκδεχόμενος] Die überlieferte Lesart liefse sich nur dann rechtfertigen, wenn ἐκδεχόμενος passivisch verstanden werden könnte. Der Sinn erfordert ein Synonym von χαρισάμενος, also etwa mit leichter Änderung: ‚ἐκδιδόμενος‘ oder ‚ἐκδεδομένος‘.

32, 6. κατέχοντας] = versantes, intrans., den vorausgehenden Participien παλινδρομήσαντας und περαιωσαμένους parallel.

32, 13. ἔξοδον] ergänze ἐπί.

32, 15. ὡς δὴ πάντων ὕλης γενομένων] Bengel (Not. p. 215) löst dies so auf: ‚ἐπειδὴ πάντα ὕλης ἐγένετο‘ —, vel potius sic ‚ἐπειδὴ πάντα ὕλη ἐγένετο, quale est illud, Omnia pontus erat‘. Letzteres ist vorzuziehen.

32, 28. κατ᾽ αὐτῶν] hier in freundlichem Sinne.

33, 27. ἀσύνετον] scil. ἔχοντα.

34, 2. αὐτῶν] scil. τῶν λογίων, abhängig von προήγορον (Z. 5).

34, 23 f. ὡς ἀκούουσιν ἄνθρωποι] Die Worte sind parallel den vorausgehenden: ὡς θεοῦ λαλοῦντος; doch hat ὡς an beiden Stellen verschiedene Bedeutung, vor θεοῦ ist es = tamquam, vor ἀκούουσι nicht, wie Vossius und Bengel nach ihrer Lesart ἀκούωσι meinen, = ἵνα, sondern = ὅτε.

35, 8. ἢ ἐμφυτευθέντας ἡμῖν] ein kühnes Bild, da ja hier Pflanze und Boden identisch sind, doch aus dem Dualismus: Körper und Seele erklärlich.

35, 26. ὃ δὲ ἄπειμι] = quod autem abeo.

36, 10. τὸν οἶκον τοῦ ἀληθῶς πατρὸς ἡμῶν] d. h. des Origenes, der anstatt des verstorbenen der wahre geistige Vater des Gregor geworden war; danach ist auch ὁ πατήρ (Z. 12) auf Origenes zu beziehen.

37, 2. ἐκ δὲ ἐλευθερίας ταύτης δουλεία χαλεπή] Der Gegensatz von ἐλ. und δουλ. erinnert an Stellen, wie Rom. 8, 21, Gal. 5, 1. Doch ist wegen ‚πηλὸν δὲ ἐργάσομαι‘ (38, 5) eher an die δουλεία der Israeliten zu denken (Ex. 1, 14).

37, 25. ἡμέρας ὕπερ] = tagsüber. Zu der seltenen Anastrophe vgl. Soph. Antig. 932 ‚βραδυτῆτος ὕπερ‘. Wem das überlieferte ὕπερ unhaltbar erscheint, der schreibe mit Bengel ὕπαρ; diese Konjektur empfiehlt sich aufser

durch ihre Leichtigkeit dadurch, dafs ὕπαρ das Gegen-
stück zu ταῖς φαντασίαις (Z. 27) bilden würde.

S. 38, 7.   συληθεὶς κατὰ τὰς μνήμας] dies bedeutet nur eine Ver-
minderung des Gedächtnisvermögens, während σ.
τὰς μνήμας den Verlust der gesamten Gedächtniskraft be-
zeichnen würde. Die Konjektur Bengels (καί für κατά)¹
ist also unnötig. Vgl. auch κατὰ μηδέν (3, 11), κατὰ τὸν
βίον (26, 10).

38, 14 f.   καὶ κείσομαί που ἡμιθνὴς ἐῤῥιμμένος] Dieser jambische
Senar, mit dem die Klage des Redners endigt, ist
entweder (ganz oder zum Teil) Citat aus einer ver-
lorenen Tragödie, oder, was wahrscheinlicher, eigenes
Fabrikat des Gregorios. Dafs der Vers beabsichtigt ist,
beweist der Gebrauch von ἡμιθνής, während Z. 17 das
in Prosa allein gebräuchliche ἡμιθανής gewählt ist.

38, 18.   ὁ ἄγρυπνος φύλαξ] Vielleicht hat hier dem Redner
Psalm 120, 4 vorgeschwebt.

39, 1 f.   μὴ καὶ προσδιαφθαρησομένη] auf das vorausgehende
δυνάμει bezogen und in freier Weise durch δὲ ange-
schlossen, das keine logische Beziehung zu μέν (Z. 1) hat.

39, 4.   ἐφ’ οὖ] ‚coram quo, scil. coram Origene‘ Bengel; vgl.
5, 11—15.

39, 20 f.   ἐν τῇ μετὰ σοῦ ἐλευθερίᾳ] vgl. 14, 21—26. Den Sinn
umschreibt Bengel (p. 241 sq.) zutreffend so: ‚hac liber-
tate, quae tecum est, carebo digressus: quare vereor,
ut Deo posthac paream, ni timore saltem munitus
fuero.‘

Verzeichnis der Bibelstellen und Citate.

Die Zahlen bezeichnen die Seiten und Zeilen; Unsicheres ist eingeklammert.

Anhang.

Namen- und Sachregister.

Der * bezeichnet seltene oder nur hier vorkommende Wörter.

Ἄβατος 34, 25.
ἀβλαβής 23, 17.
ἀβοήθητος 31, 24.
ἀγαθός 3, 8. 10, 4. 14, 16. 18, 27.
22, 29. 28, 24. 39, 23. ἀγαθή 16,
18. 36, 4. 8. ἀγαθόν ⟨1, 8.⟩ 6, 8.
7, 20. 8, 11. 9, 7. 14, 21. 15, 12.
17. 18. 16, 22. 23, 25. 24, 1. 7.
34, 29.
ἀγαπᾶν 17, 9. 30, 2. 31, 5. 7.
ἄγγελος 9, 21. 25 [Citat]. 14, 23.
39, 24.
ἄγειν 3, 26. 4, 27. 10, 20. 13, 18.
27. 14, 14. 32, 13. 33, 2. 3. 35,
18. 39, 16. 25.
ἀγενῶς 12, 5.
ἀγνοεῖν 35, 15. 36, 8.
ἄγνωστος 10, 17.
ἀγορά 26, 21. 37, 3.
ἄγριος 15, 1. 19, 3. 4. 10. 24. 20, 1.
ἄγρυπνος 12, 11. 38, 18.
ἄγχειν 26, 16.
ἀγών 5, 30.
ἀγωνίζεσθαι 12, 25. 26, 4.
ἀγωνιστικός 2, 4.
Ἀδάμ 35, 16.
ᾄδειν 37, 10 [Citat].

ἀδελφή 13, 16. 26. 14, 1. 6. 10.
ἀδελφός 36, 16.
ἀδιάλειπτος 8, 17 f.
ἀδικεῖν 27, 2.
ἀδικία 27, 3.
ἀδόκιμος 21, 15.
ἀήθης 20, 5. 33, 8.
ἄθεος 28, 20. 29, 9.
ἀθρόος 8, 3. ἀθρόον 8, 17.
ἀθρόως 10, 24.
Αἴγυπτος 13, 7.
αἷμα 10, 13.
αἴνιγμα 33, 25. 34, 19.
αἰνιγματώδης 5, 20. 33, 18.
αἰνίττεσθαι 34, 6.
αἶνος 7, 21. 8, 26.
αἱρεῖν 18, 10. 25. 21, 28. 24, 3. 19.
25, 6. 34, 11. αἱρετός 24, 13.
αἴσθησις 6, 5.
αἰτεῖν 39, 24.
αἰτία 5, 14. 29. 12, 10. 13, 3.
αἰτιολογεῖσθαι 13, 11.
αἴτιος 7, 28. 9, 10. 14, 21. 29, 5.
35, 8.
αἰχμάλωτος 37, 15. 38, 2. 8.
ἀκαθαίρετος 5, 5.
ἀκάθαρτος 7, 23. 23 f.

ἀναίσθητος 6, 4.
ἀναλέγειν 29, 5 f. 33, 11.
ἀναλογίζεσθαι 11, 9.
ἀναλόγως 9, 24.
ἀνάλυσις 18, 2 f.
ἀναμιγνύναι 7, 23.
ἀναμιμνήσκειν 22, 19 f.
ἀναμφισβήτητος 22, 18.
ἀνανεύειν 21, 1.
ἀνάξιος 5, 8. 28, 23. 33, 20. 36, 13.
ἀναξίως 21, 12.
ἀνάπαλιν 31, 1.
ἀναπαύεσθαι 14, 23.
ἀναπείθειν 30, 1.
ἀναπέμπειν 8, 17. 19, 25.
ἀναπιμπλάναι 11, 20.
ἀναπίπτειν 6, 19 f.
ἀναπληροῦν (τὸ ἐνδέον) 8, 13.
ἀνάπτειν 17, 1.
ἀναρμοστία 23, 11.
ἀνασείειν 15, 24.
ἀναστρέφειν 19, 21.
ἀνατέλλειν 14, 29. 23, 25. 36, 3
  [Citat].
ἀνατιθέναι 8, 9. 9, 8. 27, 9.
ἀνατροφή 10, 22. Plur. 4, 4 f. 10, 26.
ἀναφέρειν 6, 7. 23. 7, 15. 19, 10.
ἀναφύειν 20, 10.
ἀναχωρεῖν 15, 3. 35, 13.
ἀνδρεία 24, 4 f. 21. 28, 15.
ἀνδρεῖος 27, 26.
ἀνδρίζεσθαι 27, 17. 20.
ἀνειλεῖν = entwickeln 20, 18 f.
ἀνεμεσήτως 24, 27.
*ἀνευφήμητος 8, 24.
ἀνέχεσθαι 25, 25.
ἀνήνυτος = irritus 19, 20.
ἀνήρ 2, 5. 4, 1. 22. 9, 17. 23. 10, 11.
  11, 24. 12, 19. 20. 13, 7. 13. 16.
  27. 14, 12. 17, 4. 19, 4. 11. 24, 29.
  25, 9. 19. 29, 1. 16. 37, 6.

ἄνθος = Farbe 3, 11.
*ἀνθρακογραφία 3, 21.
ἄνθραξ 3, 15.
ἀνθρώπινος 2, 15. 5, 23. 10, 13. 11,
  17. 12, 27. 29, 10. 34, 27.
ἄνθρωπος 2, 14. 24. 4, 2. 22. 5, 19.
  9, 16. 19. 10, 2. 16. 11, 7 f. 14,
  25. 15, 13. 16, 7. 24. 17, 10. 16.
  21, 27. 24, 16 f. 17 f. 27. 26, 13.
  27, 12. 29. 28, 20. 29, 27. 30, 5.
  33, 13. 15. 19. 28. 34, 22. 23 f.
  35, 28. 37, 5 f. [Citat]. 7. 38, 18 f.
ἀνιέναι 18, 23.
ἀνιμᾶσθαι = extrahere 33, 10.
ἄνιπτος 5, 17 [Origen. in Mt. XI 15].
ἀνιστάναι 39, 12.
ἀνόητος 6, 4.
ἄνοια 5, 10. 16.
ἀνοίγειν 34, 19. ἀνοιγνύναι 34, 18
  [Citat].
ἀνορθοῦν 22, 6.
ἀνορύττειν 19, 18.
ἄνους 4, 25.
ἀντιλέγειν 20, 25.
ἀνύβριστος 5, 5 f.
ἀνύειν 18, 26.
ἀνυμνεῖν = celebrare 6, 13.
ἀνύσιμος 26, 25.
ἀνυτικός = efficax 16, 17.
ἄνωθεν 10, 21. 26, 9.
ἀνωτάτω 22, 22.
ἀνωφελής 19, 20. 24, 8.
ἀξία 4, 8. 15. 7, 14. 15. 8, 6. 25.
  26, 27.
ἀξιόπιστος 21, 6. 10. 34, 7.
ἀξιοπρεπῶς 4, 10.
ἄξιος 6, 20. 7, 12. 27. 9, 8. 12. 11,
  28. 24, 3. 25, 8. 26, 28. 27, 14.
  28, 3. 29, 11. 16. 39, 5.
ἀξιοῦν 8, 7. 11, 21. 16, 8. 26, 3. 29,
  5. 33, 3. 37, 18.

ἀξίως 8, 4.
ἀπαγγέλλειν 24, 6. 25, 7. 26, 2. 37, 23.
ἀπάγειν 26, 20.
ἀπαγορεύειν 32, 14 f.
ἀπαθής 23, 3 [vgl. Plato, Phaedr.
 250 C]. 17.
ἀπαλός 20, 10.
ἀπαντᾶν ⟨3, 22.⟩ 13, 10.
ἅπαξ 5, 28. 30, 1. 32, 4.
ἀπαραίτητος 30, 14.
ἀπατᾶν 21, 29. 30, 4.
ἀπάτη 31, 13. 35, 22.
ἀπατηλός 30, 3.
ἀπειθεῖν 35, 24.
ἀπεῖναι 35, 21.
ἀπείραστος 33, 3 f.
ἄπειρος ⟨1, 11.⟩ 12, 15. 17. 33, 8.
ἀπείρως 30, 24.
ἀπέρχεσθαι 35, 13. 36, 25. 39, 21.
ἀπέχειν 13, 5.
ἀπεχθάνεσθαι 24, 29.
ἀπιέναι 33, 3. 35, 26. 36, 26. 38, 8.
 9. 10. 21.
ἄπιστος 21, 11. 34, 10.
ἁπλοῦς 20, 18. 33, 22. 37, 6.
ἁπλῶς 17, 14. 22, 21. 25, 17.
ἀποβαίνειν 12, 22 f.
ἀποβάλλειν 3, 15.
ἀπόβλητος 21, 15.
ἀποβολή 11, 1.
ἀποδεικνύναι 24, 18.
ἀπόδειξις 31, 22.
ἀποδημεῖν 13, 14. 24. 17, 8 f. 18,
 22 f. 36, 16 f. 39, 7. 14.
ἀποδιδόναι 6, 17. 11, 27. 27, 4.
ἀποδιδράσκειν 15, 3.
ἀποδοκιμάζειν 21, 12. 29, 8. 19.
ἀποθέωσις 27, 16.
ἀποκάμνειν 30, 8. 32, 14.
ἀποκλαίειν 39, 7.
ἀποκνεῖν 7, 6.

ἀποκρίνεσθαι 19, 19.
ἀπολαμβάνειν 13, 21. 36, 15.
ἀπολαύειν (βλάβης) 18, 13. (ἀγαθῶν)
 34, 29.
ἀπολείπειν 36, 7.
ἀπόλειψις 39, 23.
ἀπολλύναι 16, 9. 23, 24.
ἀπολύειν 18, 19.
ἀπομανθάνειν 33, 23.
ἀπομιμεῖσθαι 3, 19.
ἀπονέμειν 24, 4. 26, 27.
ἀποξενοῦσθαι 8, 22. 10, 17.
ἀποπειρᾶσθαι = explorare 19, 18.
ἀποπιμπλάναι 5, 16. 7, 16. 14, 26.
ἀποπίπτειν 27, 21 f.
ἀποπληροῦν 8, 25.
ἀποπλύνειν 29, 25.
ἀπορεῖν 3, 13.
ἀπορία 19, 12. 36, 19.
ἀπόῤῥητος 27, 15.
ἀποσκευάζειν 4, 3.
ἀποστρέφεσθαι 27, 3.
*ἀπότιστος 19, 12.
ἀποτρέπειν 3, 25. 24, 10.
ἀποτρέχειν 15, 13.
ἀποφαίνειν 21, 8. 19 f. 34, 8.
ἀποφέρειν 7, 2.
ἀποφθέγγεσθαι 12, 26.
ἀποφοιβάζειν = vaticinari 13, 1.
ἀπόχρη 5, 25.
ἀπραγμόνως 30, 9.
ἀρά 37, 6.
ἀργός = deses 6, 8. = incultus
 18, 28.
ἀρετή 23, 1. 28. 24, 16. 22. 26, 16.
 27. 27, 12. 24. 29. 28, 7. 10. 11.
 17. 18. 19. 22. 23.
ἀριθμεῖν 29, 16.
ἀριθμός 14, 9.
ἄριστος 23, 15. 27, 8. 28, 5. 39, 20.
ἄριστα 8, 5.

εὐγνώμων 6, 21. 7, 13.
εὐειδής 2, 11. 3, 22.
εὐεξαπάτητος 30, 4.
εὐεξία 15, 20.
εὐέπεια 2, 6.
εὐεπής 2, 13.
εὐεργεσία 6, 5. 12. 7, 7.
εὐεργέτης 6, 14. 17.
εὔκαιρος 20, 11. 12.
εὔκαρπος 19, 9. 11.
εὐκαταγώνιστος 16, 17.
εὐκαταφρόνητος 6, 12.
εὔκολος 18, 2. (πρός) 30, 5.
εὐκόλως 21, 7.
εὐλάβεια 4, 6. 14. 28, 29.
εὔλαλος 2, 17.
εὔλογος 14, 6.
εὐλόγως 4, 25.
*εὐνοητικός 16, 18.
*εὔοχος 2, 18.
εὐπορεῖν 8, 9.
εὔπορος 3, 18 f.
εὐπρέπεια 2, 6.
εὐπρεπής 1, 12.
εὔρεσις 2, 16.
εὑρίσκειν 2, 18. 32, 11.
εὐρυχωρία 32, 17.
εὐσέβεια 9, 8 f. 11, 27. 16, 25. 28,
　16. 29, 14. 32, 1. 33, 13.
εὐσεβεῖν 16, 6. 10. 29, 12. 16.
εὐσεβής 9, 6.
*εὔσειστος (übertr. Bed.) 18, 5.
εὐστάθεια 28, 14.
εὐσταθής 23, 1. 3 f.
εὔστροφος (λόγος) 29, 27.
εὐσχήμων 14, 1. 21, 3.
εὔτακτος 23, 3. 12. 37, 1.
εὐτελής 4, 29.
εὔτονος 24, 15.
εὐφημεῖν 6, 13. 8, 4. 10, 1 f. 25, 2.
εὐφημία 6, 18. 8, 11. 23. 11, 26.

εὐφραίνειν 35, 9.
εὐφροσύνη 11, 19 f. 35, 11.
εὐχαριστεῖν 39, 5. 16.
εὐχαριστία = gratia 4, 21. 23. 6,
　11. 7, 7. 8, 9. 9, 8. 11, 27. Plur.
　6, 3. 7, 21. 8, 18. 9, 13.
εὐχάριστος 9, 5 f.
εὔχεσθαι 39, 12 f.
εὐχή 39, 14.
ἐφάπτεσθαι 4, 19. 24. 29, 14.
*ἐφέσιμος = erstrebenswert 28, 12.
ἐφίεσθαι 28, 5.
ἐφικνεῖσθαι 5, 1. 8, 22. 23.
ἐφιστάναι 13, 25. 38, 23. 39, 18.
ἐφόδιον = viaticum 12, 23.

ζῆν 9, 14. 15, 10. 35, 17. 36, 17.
ζητεῖν 2, 18.
ζωγράφος 3, 8.
ζωή 35, 26. 36, 1 [Citat].
ζῷον 16, 7. 22, 5.

ἡγεμών (πάντων) 7, 28.
ἡδέως 3, 23.
ἡδονή 23, 20.
ἡδύς (χάρις) 15, 30.
ἦθος 23, 1. 7. 25, 24. 25.
ἥκειν 5, 29. 12, 15.
ἥκιστα 21, 9. 23, 6. 39, 4.
ἡλιακός 37, 25.
ἡλικία = Lebensabschnitt 11, 12.
　15, 30.
ἥλιος (ἀληθινός) 14, 29.
ἡμέρα 14, 27. 29. 15, 27. 36, 1
　[Citat]. 37, 8. 23. 26. ἡμέρας
　ὕπερ = tagsüber [?] 37, 25.
ἥμερος 19, 4. 6. 11.
ἡμιθανής 38, 17. ἡμιθνής 38, 15.
ἡσυχία 3, 25. 4, 27. 35, 18.
ἡσύχιος 20, 4.
ἥσυχος 37, 1.

ἥττων 4, 7. 15. 7, 14. 18, 18. ἧττον
1, 14. 2, 6. 17, 13. 27, 6. 30, 21.
35, 27.
ἠχεῖν 21, 18 [Citat].

θάμνος (ὁ) 19, 2.
θαῦμα 22, 14.
θαυμάζειν 22, 3 f. 24, 16.
θαυμάσιος 2, 4. Superl. 28, 15.
θαυμαστός 2, 22 f. 2, 26 f. 11, 10.
23. 28, 9. 35, 2.
θαυματουργία 22, 2.
θέαμα 32, 21. 35, 3 [vgl. Plato,
Polit. III 402 D, Tim. 87 D].
35, 19.
θεῖος (ἄγγελος) 14, 23. (ἄνθρωπος)
17, 10. (ἀρετή) 27, 29. (ἀρεταί) 22,
29. 23, 28. (γράμμα) 18, 23. (δύ-
ναμις) 16, 15. (ἐπίπνοια) 13, 1.
(λειτουργοί) 14, 24. (λόγιον) 33,
22. (λόγια) 37, 5. (λόγος) 5, 18. 11,
15. 17. 18, 7. 33, 21. 34, 4. 19.
27. (μυστήρια) 37, 26. (νοῦς) 27,
14. (παιδαγωγός) 12, 11 (πνεῦμα)
34, 13. (προμήθεια) 10, 19. (συνο-
δοιπόρος) 14, 15. (φόβος) 39, 19.
(φρόνησις) 27, 11. (φωναί) 5, 24.
Compar. 9, 19. (τὸ θεῖον) 4, 4. 21.
16, 23. 29, 2. 32, 1. 37, 15. 18.
(τὰ θεῖα) 5, 6.
θέμις 8, 24.
θεοειδής 2, 13. 4, 16. 23, 4. 28, 14.
θεόθεν 34, 20.
θεολογία 28, 29.
θεολόγος 37, 16.
θεός 4, 17. 9, 21. 22. 24, 16. 27,
12. 28, 2. 21. 29, 10. 33, 16. 22.
26. 34, 12. 22. 35, 27. 37, 12.
(λόγος) 9, 5. (τῶν ὅλων) 7, 18.
ὁ θεός 4, 19. 28, 25. 26 f. 29, 13.
33, 19. 34, 3. 22. 35, 5. 25. 39, 2.

τῷ ἀγαγόντι — θεῷ 39, 16. τῷ
πρώτῳ θεῷ 24, 17.
θεραπεία 29, 13.
θεραπεύειν 37, 15.
θεωρεῖν 23, 13.
θεωρία 23, 10. 26, 18.
θήρ 15, 1.
θητεία 36, 24.
θνητός 4. 18.
θόρυβος 37, 1.
θρασύνεσθαι 5, 15. 28. 39, 4.
θρασύς 5, 13.
θρασύτης 5, 9.
θρέμμα 15, 15.
θρηνεῖν 38, 16.
θύρα 32, 20.
θωπεία 39, 8.

ἰᾶσθαι 8, 12.
ἰατρός (λόγος) 38, 18.
ἰδίᾳ 2, 2. 14. 7, 28. 8, 16. 10, 3.
ἰδιοπραγία 26, 19. 24.
ἴδιος 17, 25. 23, 5. 25, 24. 26, 27.
28. 29, 24. 30, 7. 31, 15. 33, 13.
ἰδιωτεύειν 25, 6.
ἰδιώτης 21, 25 f.
ἱερεύς 28, 24.
ἱερός (ἄγγελος) 9, 21. (ἅμμα) 18, 6.
(ἀνήρ) 9, 17. 13, 7. (βίβλοι) 6, 26.
(γράμματα) 17, 12. 34, 17. (δε-
σμοί) 18, 3. (δύναμις) 2, 13. (λόγος)
7, 5. 11, 6. 14. 17, 3. (μαθήματα)
22, 17. 39, 13. (νόμοι) 37, 23.
(οἰκονομία) 22, 13. (πατρίς) 37, 23.
(πόλις) 37, 15. (πρόνοια) 11, 10.
(φωναί) 33, 18. (ᾠδή) 37, 10. ἱερά
4, 29.
ἵππος 20, 1.
ἴσος 7, 8. 9, 2. 24, 17.
ἱστάναι 4, 9. 25, 30. 35, 13.
ἰσχύς 4, 6.

μοῖρα 26, 16. 34, 21.
μολύνειν 29, 12.
μόνιμος 4, 8 f. 18, 5.
μονογενής 9, 4.
μονονουχί 9, 1.
μουσικός 37, 19.
μόχθος 14, 24.
μυστήριον (θεῖα μ.) 37, 26.
μυστικός 34, 4. 37, 24. Compar. 34, 26.

ναός 29, 14.
νεανιεύεσθαι = se iactare 5, 13.
νέος Compar. 24, 14. 30, 28.
νεότης 9, 22 [Citat].
νήπιος 10, 4.
νηπιότης 11, 13.
νόημα 2, 10. 12.
νόησις 2, 16.
νόθος 19, 8. 20, 15.
νομίζειν 21, 15. 37, 6.
νομικός = legis peritus 13, 19.
νόμος Plur. 2, 23. 12, 16. 18. 26. 13, 2. 6. 14. 14, 5. 15, 23. 17, 7. (οἱ ἱεροὶ νόμοι) 37, 24.
νοῦς 2, 20. 5, 10. 12, 17. 15, 15. 17, 20. 28, 26. 30, 1. 39, 18. (θεῖος ν.) 27, 14. (πρῶτος ν.) 9, 14.
νῦν 10, 10. 11, 9. 18, 21. 24, 25. 28. 25, 17. 30, 22. 35, 18. (οἱ νῦν ἄνθρωποι) 16, 24. 33, 28.
νύξ 37, 7. 23. 26.
νωχελία = tarditas 27, 27.

ὅ = ὅτι = quod 35, 26.
ὁδοιπορεῖν 32, 11. 38, 12 f.
ὁδοιπορία 14, 2. 17. 33, 5.
ὁδοιπόρος 32, 8. 14.
ὁδός 13, 4. 20, 2. 32, 11. 14. (ἀποθεώσεως) 27, 15. (εὐσεβείας) 9, 8.
ὁδῷ = methodisch 11, 24.

οἴεσθαι 14, 19. 29, 14. 31, 18.
οἰκεῖος 11, 18. 12, 12. 17, 8. 20, 14. 36, 9.
οἰκείως 20, 13.
οἰκέτης = familiaris 14, 2.
οἰκητήριον 32, 16.
οἰκίσκος 17, 19 [Citat]. 21.
οἰκονομεῖν 9, 20. 11, 26. Med. 10, 12.
οἰκονομία 11, 23 f. 14, 22. 22, 13.
οἶκος 36, 7. 10.
οἰονεί 31, 20.
ὀκνεῖν 3, 27. 4, 25.
ὀκνηρός Compar. 14, 1 f.
ὀκταετής 1, 16.
ὀλίγος 10, 24. 25, 28. 35, 12.
ὁλόκληρος = integer 6, 26. 39, 11.
ὁλοκλήρως 8, 6.
ὅλος 7, 22. 26. Plur. 7, 19. 8, 19. 26. 9, 10. 16, 6. 22, 9. 13.
ὅλως 2, 2. 10, 15. 15, 17. 16, 5. 10. 21, 26. 29, 15. 31, 2. 37, 27.
ὁμιλεῖν 16, 19.
ὁμοεθνής 10, 15.
ὅμοιος 3, 9.
ὁμοίως 11, 22. 24, 20. 31, 7.
ὁμόκοιτος, ἡ 13, 17 f.
ὁμολογεῖν 3, 12. 9, 9. 13. 25, 22. 27. 28, 4.
ὁμολογία 12, 1.
ὄνομα 1, 12 f. 2, 6 f. 3, 16 f. 12, 1 f. 12, 23. 25, 5. 13.
ὀνομάζειν 11, 28. 12, 23, 35, 1.
ὄντα, τά 7, 1. 9, 4.
ὄντως 1, 15. 10, 19. 14, 28. 15, 10. 12. 23, 4. 26, 22. 27, 10. 12. 28, 11. 35, 4. 37, 7.
ὀξύς c. Inf. 29, 28.
ὀπίσω, τά 36, 13.
ὁρᾶν 10, 7. 19, 8. 17. 20, 2. 24, 12. 27, 13. 32, 21. 37, 26.
ὄργανον 37, 19 [Citat]. 38, 4.

5*

ὀρέγειν 33, 9.
ὀρθῶς 15, 11. 16, 11. 24, 3. 25, 8.
27. 28, 17.
ὁρμᾶν 14, 19. 28, 18.
ὁρμή 8, 3. 23, 2. 9. 26, 15. 30, 25.
31, 11. 18.
ὄρνις 15, 2.
ὄρος 10, 18.
ὀργανία 11, 1.
ὅσον 10, 18. 13, 13. 25, 26.
ὄστρακον 3, 16.
οὐρανόθεν 34, 21.
οὐρανομήκης 22, 24.
οὐρανός 22, 25.
οὐσία (πατρῷα) 36, 18.
ὀφείλεσθαι 11, 26. ὄφελον 35, 18.
ὄχημα 14, 8 f.
ὀχληρόν (τό, τῆς ἀγορᾶς) 26, 21.
ὄχλος Plur. 37, 3.

πάγκαλος 34, 21.
πάθημα Plur. 3, 7. 18. 20, 17.
πάθος Plur. 23, 9. 15.
παιδαγωγός 10, 3. (θεῖος) 12, 11.
(ἄριστος) 39, 20.
παιδεύειν 10, 10. 27, 5.
παιδευτήριον (νόμων) 13, 6.
παιδίον 10, 29.
παῖς Plur. 12, 4. ἐκ παίδων 9, 19 f.
πάλαι 10, 9. 11, 9. 28, 9. 36, 8.
παλαιός 34, 29. 35, 22. (ἄνθρωπος)
35, 27. (οἱ παλαιοί) 27, 11. 30, 27.
παλαιότης 33, 23.
Παλαιστῖνοι 13, 16.
πάλιν 16, 3. 19, 12. 21, 1. 22, 1. 23,
15. 24, 12. 25, 27. 27, 6. 19. 30,
4. 32, 9. 35, 14. 36, 5. 38, 24. 39,
25. (πάλιν τε αὖ) 21, 9.
παλινδρομεῖν 32, 5. 36, 14.
πάμπολλα 32, 10. πάμπολυ 10, 18.
*παναγής = exsecrabilis 7, 23.

πάνδεινος 6, 2.
πανηγυρικοὶ λόγοι 2, 3.
πανήγυρις 37, 8.
πανουργία 25, 22.
πάνσοφος 22, 3. 27, 9. 32, 22. 33, 15.
πάντα 7, 28. 8, 10. 15. 16. 9, 4. 26.
16, 28. 28, 25. 29, 4. 31, 23. 27.
34, 2. 28. 35, 8. 38, 17.
παντελής 7, 10.
παντελῶς 4, 25. 16, 9. 39, 6. (ἡ π.
σιωπή) 7, 12.
πάντη 6, 4. 7, 6. 9, 2. 10, 4. 12, 16.
16, 3. 19, 1. 5. 20, 1. 25, 6. 35,
12. 39, 10. (πάντη πάντως) 17, 23.
παραβάλλειν 25, 20.
παραβολή 25, 22.
παραγίνεσθαι 23, 27.
παράδειγμα 26, 6 f. 9. 11.
παράδεισος 35, 5. 16. (bildl.) 35,
4. 10.
παραδέχεσθαι 34, 1.
παραδιδόναι 3, 2. 11, 13. 14. 14,
22. 25. 24, 20. 30, 9. 39, 15. 15 f.
παράδοξος 21, 11. 31, 18 f.
παραδοχή (λόγων) 20, 9.
παρακαλεῖν 24, 23. (c. Inf.) 39, 17.
39, 22.
παραλαμβάνειν 13, 17. 19, 16.
παραλείπειν 10, 23. 12, 4.
παραμείβεσθαι = permutare 14, 18.
παραμυθεῖσθαι 39, 26.
παραμυθία 39, 22.
παραπέμπειν 13, 26.
παρασκευάζειν 22, 25. Med. 20, 8 f.
παρασκευή 4, 3. 5, 11. 29, 2. 35, 3.
παρατιθέναι 33, 12. 39, 15.
παρεῖναι 6, 22. 17, 8. 39, 13.
παρέχειν 2, 4. 15, 22. 24, 11. 26, 5.
*παριδρύειν Med. 16, 14.
παριέναι 10, 24. 13, 11.
παροξύνειν 20, 16.

πάσχειν 6, 2. 6. 17, 12. 26. 18, 9.
25, 21. 33, 1. 35, 14. 36, 24.
πατήρ 10, 29. 11, 1. 36, 7. 15. 17.
(bildl.) 36, 10. 12. (Gott-Vater) 8,
18. 19. 24. 9, 1. 7.
πατρικός 36, 22.
πάτριος 10, 27.
πατρίς 15, 5. 17, 7.(bildl.)36, 8. 37, 9. 22.
πατρῷος 36, 18.
παύειν 39, 3.
παχύνειν 35, 6. (übertr.) 20, 16.
παχύς 5, 20.
πεδίον 32, 3. 27.
πείθειν 25, 26. 26, 20. πείθεσθαι
12, 19. 16, 3. 17, 7. 25, 26. 31, 4.
[5.] c. Dat. 25, 12.
πειθώ 15, 30. 20, 3. 31, 16.
πεῖρα, ἡ πρὸς τὰς ἀμοιβάς 7, 13.
πειρᾶσθαι 3, 21. 6, 3. 7, 8. 10, 24.
15, 3. 16, 20. 26, 5. 27, 7.
πέμπειν = ziehn lassen 39, 13.
πένης 3, 13. 6, 21.
πένθος 37, 9.
περαιοῦσθαι 32, 5.
περαιτέρω 5, 26. 9, 18.
περίεργος Compar. 39, 9.
περιέχειν 16, 9. 30, 13.
περικαλλής 3, 10.
περικρούειν 21, 17 [Citat].
περιλαμβάνειν 2, 15.
περιουσία 6, 16. 34, 27.
Περίπατος (τῶν τοῦ Π.) 30, 28.
περισκοπεῖν 26, 21.
περιττός 4, 6. 19, 13. 20, 16.
περιϋβρίζειν 5, 3. 25, 4.
περιφανέστατον Adv. 17, 26.
περιφρονεῖν = circumspicere 3, 23.
πέρπερος 4, 11.
πηγή (πάντων ἀγαθῶν) 8, 11.
πηλός 5, 22 [vgl. Plato, Parm. 130
C]. 38, 5.

πιθανός 7, 12.
πιστεύειν (allgem.) 5, 3. 12, 14 f.
13, 6. 17, 24. (vom christl. Gl.)
34, 11.
πιστοῦν Med. = confirmare 21, 18.
πλανᾶν 10, 27. 15, 16 f. 30, 10.
πλάνη (πλάνης ἔργα) 11, 13.
πλάττειν 26, 14. 39, 10.
πλατύς Superl. 32, 3 f.
πλείων 6, 15. 7, 1. 14, 8. 9. 15, 23.
18, 26. 25, 28. 30, 22. πλέον
24, 23.
πλεονέκτημα = Vorzug 2, 14. 35, 7.
*πλημμέλημα = delictum 35, 22 f.
πλήρης 35, 2.
πληροῦν 11, 7.
πλησιόχωρος 10, 14.
πλοκή 20, 20.
πλούσιος 3, 9. 6, 28.
πλοῦτος 6, 28. (übertr.) 6, 16.
πνεῦμα (ἐνὶ πν.) 8, 3. (θεῖον πν.)
34, 13. (πν. τὸ προφητεῦσαν) 34,
15 f.
πνίγειν 19, 13.
ποιεῖν 12, 19. 14, 20. 24, 10. 18. 26,
5. 28, 4. Med. 4, 10. 9, 1. 12, 2.
20, 8. 12. 22, 21. 23, 22. 29, 24.
34, 7. 35, 19 f. ποιητός 24, 10.
ποιητέος 24, 7. 8.
ποικίλος 2, 26. 3, 10. 14. 20, 27. 22,
3. 28. 29, 27. 32, 19. 21. 26. ποι-
κίλα Adv. 32, 11. ποικίλως 4, 9.
20, 19.
πολέμιος adj. 37, 9. subst. 37, 14.
πόλις 13, 4. 5. 8. 15. 14, 4. 37, 14.
22. 38, 12.
πολιτεία 38, 26.
πολιτικός = popularis, Compar.
34, 26.
πολύ, τὸ τῆς ἕξεως 4, 2.
πολυειδής 20, 27. 22, 10.

Σωκρατικῶς 19, 28.
σῶμα 4, 5. 15, 20. 20, 16.
*σωματοτροφεῖν 35, 6.
σάος (σώαν τινὰ φρόνησιν) 27, 20.
σώτειρα 27, 23.
σωτήρ 8, 14. (πάντων) 38, 16. (τὸν κοινὸν πάντων σ.) 9, 26.
σωτηρία 14, 13. 24, 4 [vgl. Plato, Polit. IV 429 C].
σωτήριος 10, 20. (λόγος) 11, 3. 16, 25.
*σωτηριωδῶς 14, 15.
σωφρονεῖν 5, 26. 27, 16 f. 17.
σωφροσύνη 24, 2. 12. 19. 28, 13. (Definition der σ.) 27, 19 f.
σώφρων 27, 26. 28, 6.

ταπεινός (τὸ τ. τῆς ψυχῆς) 22, 1.
ταπεινότης 23, 20.
τάραχος 37, 1.
τείνειν (τὸν λόγον) 12, 26.
τέλειος 6, 20. 7, 9. 28, 6. 38, 25. Superl. 9, 14. τελειότατα 8, 25.
τελειότης 9, 26. 23, 27.
τελειοῦσθαι (τῇ βλάστῃ) 19, 14.
τελευτή 32, 6. (ἀρχὴ καὶ τ.) 28, 18.
τέλος 11, 22. (πάντων) 28, 25. (ἐπὶ τέλει) 16, 13. Adv. 32, 14. 36, 19.
τέναγος, τό = palus 32, 3. 27.
τεσσαρεσκαιδεκαετής 11, 5.
τέχνη 3, 8. 12, 20. 19, 5. 12. 16. 22. Plur. 15, 21. 16, 14. 21, 26.
τεχνικός 3, 8 f.
τεχνικῶς 15, 24.
τεχνίτης 19, 11. 33, 7.
τηρεῖν 17, 19 [Citat].
τίθεσθαι (σύμβολον) 11, 10. (ἐν δευτέρῳ) 2, 7. (περὶ πολλοῦ) 15, 21.
τιθηνεῖν (übertr.) 23, 26. Med. 9, 20.
τιμᾶν 9, 3. 14, 3. 34, 5. Pass. 6, 21 f. 24. 9, 3. 16, 7. 29, 22. (σεμνῶς) 36, 12.

τιμή 6, 11. (εἰς τ.) 7, 27. Plur. 6, 23. 7, 9. 15, 19.
τίμιος Superl. (ἡμέρα) 14, 28.
τιτρώσκειν Pass. (τραύμασι) 38, 14. (übertr.) 17, 5.
τοιγαροῦν 14, 5. 15. 34, 24. 36, 1.
τολμᾶν 5, 17. 23 f. 35, 24.
τολμηρός 5, 14.
τοσοῦτος (διὰ τοσούτων ἐλθών) 14, 22.
τράπεζα (πατρική) 36, 22.
τραῦμα Plur. 38, 14.
τρέφειν 9, 22 [Citat]. Pass. 12, 5. 19, 7.
τρίβολος Plur. 19, 23 [Citat]. 36, 2 f. [Citat].
τρίτος (ἐκ τρίτων) 3, 24 [vgl. Plato, Gorg. 500 A].
τροπή (πολυειδής) 22, 10.
τρόπος Plur. 20, 18. 23, 7. Adv. (οὐδενὶ τρ.) 17, 18 f. (πάντα τρ.) 15, 5. 18, 25 f. 30, 6. (τρ. τινά) 9, 3. 23, 8. 32, 2. 34, 12.
τροφεύς (καὶ κηδεμών) 10, 5.
τροφή Plur. 20, 16. 36, 20. 24.
τρυφᾶν 35, 9 (τρ. τρυφήν) 35, 11.
τρυφή 35, 10 [Citat.] 11.
τυγχάνειν 2, 2. 4, 17. 7, 10. 12, 16. 13, 8. 20, 25. 28. 28, 2. 29, 23. 33, 26. 34, 10. 36, 21. (ἐν τῷ τυχόντι) 29, 11 f.
τυποῦν 29, 28.
τύπος Plur. (τῆς ψυχῆς) 3, 20.
τύραννος (ἀπαραίτητος) 30, 14.
τυφλός übertr. 10, 6.
τυφλώττειν übertr. 14, 14. (τὸν νοῦν) 15, 15.
τύχη (ἄκριτος) 31, 19.

ὑβρίζειν Pass. 21, 12.
ὑγιής (γνώμη) 39, 11.
υἱός 36, 15. (υἱοὶ οἱ ἀληθεῖς) 36, 11 f.

20, 28. 22, 29. 25, 5. 24. 27, 8.
30, 22. 31, 1. 17.
φιλόσοφος adj. (γένος) 22, 27. (λόγος)
29, 18. 33, 2. subst. 24, 14. 25.
29 f. 25, 10. 26 f. 26, 24. 29, 6.
30, 16. 31, 12 f. 32, 28 f. 33, 11.
φιλοτιμία 7, 4. 25, 9. 10 f.
φιλότιμος Compar. (εὐφημίαι) 6, 16.
φιλοτίμως (διδάσκειν) 12, 21.
φοβεῖσθαι 11, 21.
φόβος 11, 16. (θεῖος) 39, 20. Plur.
23, 20 f.
φοιτᾶν (ῥήτορι) 12, 5. 6.
φορτικός 11, 27. (ἡ Ῥωμαίων φωνή)
3, 4.
φρενοβλάβεια 16, 10.
φρονεῖν 25, 8. 27, 6.
φρόνησις 23, 28. 24, 8. 9. 18. 19.
27, 10. 11. 18. 20. 28, 12.
φρόνιμος 27, 25.
φροντίς 4, 7. 15. Plur. 36, 3. 4.
φύειν 12, 5. 23, 23. Perf. 1, 14. 17,
20. 20, 15. 23, 11. 28, 3.
φύλαξ 9, 26. 14, 16. 27, 24. 38, 23.
(πάντων ἀνθρώπων) 38, 18.
φυλάττειν 27, 22. 29, 3.
φύρειν 7, 23.
φυσικός (μαθήματα) 22, 6.
φυσιολογία 22, 16.
φύσις 22, 10. 13. (τῇ φύσει) 33, 21. 27.
φυτεία (ποικίλη) 22, 28.
φυτεύειν 35, 7 f.
φυτόν 19, 4. Plur. 19, 24. 35, 7.
*φυτουργικός 3. (τέχνη) 19, 5.
φυτουργός adj. 19, 3 f. 11.
φωνή = lingua 2, 22. 3, 2. 12, 14.
16. 21, 23. Plur. = voces 2, 7.
19. 3, 19. 15, 26. 16, 19. 21, 3.
10. (θεῖαι) 5, 25. (ἱεραί) 33, 18.
φῶς 33, 25. 37, 8. 24.
φωτεινός (τὰ φ. τῶν λογίων) 34, 1.

χαλεπός (δουλεία) 37, 2.
χαλινός (bildl.) 20, 3.
χαρακτήρ Plur. = Züge 3, 20.
χαρίεις 1, 15. 6, 23.
χαρίζεσθαι (τινί) 12, 20. 13, 28.
(ἑαυτόν τινι) 31, 24.
χάρις 6, 8. 7, 14. 15, 30.
χαριστήριος (λόγος) 7, 18. 9, 16.
χείρ (ὀρέγων χεῖρα) 33, 9.
χειραγωγεῖν 10, 10. 33, 5. 39, 17.
χείρων 18, 9. 18. (χεῖρον) 7, 25. 18,
1. 11. 14. 23, 18. Plur. 36, 28.
χείριστος (ἀδικία) 27, 3.
χέρσος (γῆ) 19, 2.
χλιδή 37, 3.
χοίρειος 2. (τροφαί) 36, 23.
χοῖρος 36, 21.
χρή 5, 26. 7, 21. 15, 13. 18, 13. 21,
9. 22, 20. 28, 6. 31, 15. 35, 15.
36, 26. 39, 4.
χρῆμα 1, 8. 29, 27. Plur. 15, 19.
χρήσιμος 33, 11.
χρῆσις 14, 9.
χρησμῳδεῖν 17, 13 f.
χρηστός Superl. (γνώμη) 16, 21.
χρόνος 1, 16. 6, 7. 33, 23. 35, 12.
χρύσεος (πρόσωπον) 28, 11.
χρῶμα Plur. 3, 9.
χώρα 36, 17. 37, 9. 17. (ἐν δευτέρᾳ
χώρᾳ) 6, 24.
χωρεῖν 26, 17.
χωρίζειν Pass. 13, 17. 22. 17, 15.
16. 29.
χωρίον (τόδε τό) 13, 9.

ψάλλειν 37, 19.
ψαφαρός (γῆ) 18, 29.
ψέγειν (ἀμαθίαν) 15, 14.
ψευδής 30, 3. (λόγοι) 30, 9. (ψευδῆ)
20, 25. 21, 5. 12. 31, 23. 33, 12.
ψήφισμα (ἀληθείας) 21, 5.

ψόγος Plur. 25, 18.
ψυχή 2, 15. 3, 6. 18. 20. 6, 15. 10,
9. 11, 14. 17, 1. 11 [Citat]. 15.
18. 27 [Citat]. 28 [Citat]. 18, 8
[Citat]. 9. 19, 25. 20, 15. 21, 21.
22, 1. 23, 2. 9. 11. 28. 29. 26, 19.
28. 27, 13. 18. 28, 14. 29, 12. 23.
30, 5. 31, 6. 33, 20. 34, 1. 10. 29.

35, 6. 36, 9. 37, 11. 27. Plur. 8,
14. 14, 13. 18, 23. 22, 14. 19.
ψυχρός (von der Rede) 4, 11.

ῳδή (ἱερά) 37, 10. Plur. 37, 24.
ὡραῖος (φυτά) 35, 7.
ὠφέλεια (τῆς ψυχῆς) 10, 8. (τῶν
ψυχῶν) 14, 13.

Anhang.

Ἀγάπη (πατρική) 44, 1.
ἄγγελος Plur. 41, 6.
ἅγιος 41, 13. (σκεύη) 41, 23.
Ἄδερ 42, 13. 26. 43, 11.
Αἰγύπτιος 41, 23 f. Plur. 41, 10. 13.
17. 27. 42, 6. 11. 14.
Αἴγυπτος 41, 24. 42, 5. 9. 16. 24.
αἰνίσσεσθαι 41, 7. 42, 10. 43, 4.
αἵρεσις Plur. 40, 8.
αἱρετικός 43, 1.
ἀκαίρως (παρεκβαίνειν) 42, 4.
ἀκλινής (πίστις) 43, 20.
ἀνάγνωσις 43, 13. 16. 19.
ἀνάπλασμα 43, 6. Plur. 43, 4. 10.
ἄρτος (τῶν ἀγγέλων) 41, 16. Plur.
(Αἰγύπτιοι) 42, 14. (τῆς προθέσεως)
41, 20.
ἀσκεῖν 40, 5.
ἄσκησις 40, 4.
ἀστρονομία 41, 1. 4.
αὐλαία Plur. 42, 2.

Βαιθήλ 43, 3. 6.

γεωμετρία 41, 1. 3.
γράμμα Plur. 43, 21.
γραμματική 41, 3.
γραφή 41, 28. (θεία) 42, 8. Plur. 43,
5. (ἱεραί) 41, 2. (θεῖαι) 43, 13.
Γρηγόριος 40, 2.

δάμαλις 42, 21. Plur. 43, 2.
Δάν 43, 6. 7.
διήγησις 40, 2.
δύναμις 40, 8.

Ἑβραῖος Plur. 42, 7.
ἐγκύκλιος (μαθήματα) 40, 12.
ἐθνικός (ὅρια) 43, 8. 9.
εἴδωλον 42, 15.
Ἕλλην 40, 11.
Ἑλληνικός 40, 7. 43, 1.
ἐνδεχόμενον (τέλος) 40, 4.
ἐντρέφεσθαι (τῷ νόμῳ) 42, 12.
ἐντρέχεια 43, 1.
Ἔξοδος 41, 7.
ἐπίθεμα 41, 14.

Φαραώ 42, 17. 19.
φιλοσοφία 40, 11. 41, 4. 5.
φιλόσοφος 40, 7. Plur. 41, 2.

χερουβίμ 41, 15.

χριστιανισμός 40, 9 f. 11. 41, 5 f.
χριστός, ὁ 44, 2. 3.

Ὠριγένης 40, 2.

Druckfehler.

S. 6, 19 lies ῥᾳθυμεῖν statt ῥαθυμεῖν.
S. 17, 13 f. lies κεχρησμῳδημένον statt κεχρησμωδημένον.
S. 17, 28 lies ψυχῇ statt ψυχῆ.
S. 27 im App. füge ein: ,22 φυλάσσοντας A.'
S. 30, 23 f. lies προσδιατρῖψαι statt προσδιατρίψαι [so A].
S. 36, 1 sind die Worte: πάσας τὰς ἡμέρας und ζωῆς zu sperren.
S. 37, 3 lies σχολὴ statt σχολή.
S. 38, 25 ist das Fragezeichen noch in die Klammer zu setzen.
S. 47, 5 v. u. lies εἶναι statt εἶναι.
S. XXXI, 10 (οἷς), S. 2, App. 20 (μὴν), S. 4, 13 (ἄν), S. 5, 16 (ῇ),
S. 7, 18 (Ἔστω), S. 15, 2 (ὄρνεις), S. 30, 23 (ἄν), S. 33, 8 (ὧν), 33, 18
(οἷα), 37, 2 (ἄτακτος), 44, 2 (ἄν), 48, 1 (πειρᾶσθαι) ist ein beim Druck
abgesprungener Spiritus oder Accent, S. 17, 23 (βουληθῇ) das Jota
subscr. zu ergänzen.

Pierer'sche Hofbuchdruckerei.   Stephan Geibel & Co. in Altenburg.